아버지의 10가지 약속

10 Commitments for Dads

Published by Harvest House Publishers
Eugene, Oregon 97402, USA

* 별도의 표기가 없는 성경구절은 개역개정 성경을 인용한 것입니다.

아버지의 10가지 약속

자녀는 아버지를 보고 하나님을 안다

조시 맥도웰 지음 | 최요한 옮김

10 COMMITMENTS FOR DADS

아가페북스

아버지의 다짐

나는 소중한 하나님의 자녀를 맡은 아버지로서,

말씀에 의지하여

세상에 물들지 않게,

영원한 아버지인 하나님을 닮은 자녀로

내게 주신 아이를 양육할 것을 다짐합니다.

Contents

서문

문제 많은 가족도 구원하신다

아버지가 된다는 것은 이만저만 어려운 일이 아니다. 나는 아빠가 된 것이 좋지만 가끔 머리를 쥐어뜯으며 "나는 이런 걸 원한 게 아니야!"라고 비명을 지르고 싶을 때가 있다. 그러나 세상을 전부 준다 해도 아빠를 포기하고 싶은 마음은 추호도 없다.

아내와 나는 최고의 부모가 되기 위해 힘쓰지만, 어떻게 해야 할지 모를 경우에는 "WWJD?"라고 묻는다. 이는 '예수님이라면 어떻게 하셨을까?'(What Would Jesus Do?)의 약자가 아니다. 부모로서 해야 할 일을 예수님께 직접 배울 수 있다면 더할 나위 없이 좋겠지만, 사실 예수님은 좋은 아빠가 되는 법에 대해서는 거의 말씀하지 않으셨다. 오히려 꽤 논란이 될 만한 말씀을 하셨다(눅 14:26 등).

내가 말한 'WWJD'는 '아버지라면 어떻게 하셨을까?'(What

Would Josh Do?)의 약자다. 책의 서두에서 직접 밝혔듯 아버지는 사역 차 여행을 자주 다니셨기에, 우리는 아버지보다 어머니와 지내는 시간이 더 많았다. 그러나 지금도 마찬가지지만 부모님은 아주 훌륭한 팀이었다. 우리 부모님이 완벽했다는 뜻은 결코 아니다. 아버지는 1장에서 고백하듯이 실수를 많이 하셨다. 더구나 불우한 환경에서 자랐기에 사회학적인 모든 기준에서 보면 낙오자가 되어야 마땅했다(아버지의 사연은 곧 듣게 될 것이다).

아버지는 부족한 면이 있음에도 우리를 사랑으로 지도하고 규율을 가르치셨다. 나도 아버지처럼 내 자녀를 가르치고 싶다. 그래서 나는 이 책을 좋아한다.

이 책은 그저 아빠들에게 무엇을 하거나 하지 말아야 하는지 규칙을 나열하고서, 마치 빵을 굽거나 휴가를 계획하는 것처럼 그대로만 하면 훌륭한 자녀로 기를 수 있다고 장담하지 않는다(물론 우리는 휴가가 계획대로 진행되지 않는다는 것을 잘 알고 있다). 우리는 자녀 양육이 간단하지 않다는 것을 잘 안다. 이 책은 아버지의 성공과 실패의 경험을 풍부하게 소개하면서 성경의 진리와 실제적인 조언을 건넨다.

내가 아버지에게 가장 고맙게 여기는 것은, 자신의 고민과 싸움을 우리에게 정직하게 말해 주신다는 점이다. 아버지는 이 책에서도 정직한 모습을 유감없이 발휘하신다. 나는 알코올 중독에 빠진

할아버지, 풍비박산 된 집안, 성폭력 등에 대한 이야기를 전에 이미 아버지에게 들었지만, 얼마 전 가족 모임에서 저녁을 먹기 전까지 아버지가 겪은 고통을 충분히 이해하지 못했다는 것을 깨달았다. 어머니가 어린 시절에 있었던 재미있는 이야기를 하시자, 누나가 아버지에게도 그런 이야기를 들려달라고 말했다. 잠시 어색한 침묵이 흐른 뒤 아버지는 "아빠에게는 좋은 기억이 하나도 없단다."라고 말씀하셨다. 무슨 이유인지 그 말을 들었을 때, 나는 어느 때보다도 마음이 무거웠다. 아버지에게는 가족에 관한 좋은 추억이 '하나'도 없었다. 나는 마음이 몹시 아팠다.

그러나 그런 어린 시절을 보낸 아버지는 수십 년이 지난 뒤 친밀한 사랑을 나누는 가정을 이루었다. 어떻게 된 일일까?

그 질문의 답이 이 책에 있다. 하나님은 아주 엉망이 되고 문제가 많은 가족조차 구원하실 수 있다는 간증이 여기에 있다. 갓 태어난 아기를 보살피느라 밤잠을 설치는 아빠든, 오랫동안 자녀를 기르고 있는 아빠든, 이 책에서 소망과 목표를 발견할 수 있을 것이다. 즐거운 시간이 되기를 바란다!

_ 숀 맥도웰(저자 조시 맥도웰의 아들)

10 COMMITMENTS FOR DADS

"마땅히 행할 길을 아이에게 가르치라
그리하면 늙어도 그것을 떠나지 아니하리라"

_잠 22:6

01
아버지의 역할

벌써 몇 시간이 지난 것 같았다. 나는 가만히 있지 못하고 계속 서성거렸다. 벌써 나왔어야 할 아내 도티가 아직 분만실에서 나오지 않았던 것이다.

라마즈 출산 교실 같은 것도 없고, 남편은 병원 분만실에 들어가지 못해 출산하는 아내의 곁을 지킬 수 없던 시절이었다. 곧 아빠가 될 남편들은 대기실로 쫓겨나 마음을 졸이며 서성거렸다. 나도 그럴 수밖에 없었다.

마침내 아내가 휠체어에 앉은 모습으로 3.7킬로그램의 딸을 안고 나타났다. 아내는 병실에 도착한 뒤 내게 아기를 건넸다. 나는 켈리를 안고 있는 동안 무릎이 후들거렸다. 나도 이제 아빠가 되었구나 하는 생각이 들었지만, 아빠가 하는 일에 대해서는 아는 것이 하나도 없었다.

나는 아빠가 되는 훈련을 받지 못했다. 남자들 대부분이 마찬가지다. 두려움이 앞서는 것이 당연하다. 주위로 눈을 돌려 아이들이 직면한 문화를 보면 대경실색할 수밖에 없다. 오늘날의 문화가 받아들이는 가치관의 대부분은, 우리가 아이들이 받아들였으면 하는 가치관과 거의 정반대다. 아이들은 아주 이른 나이에 알코올과 성에 눈을 뜬다. 아이들 사이에서 일어나는 따돌림, 폭력, 자살 등과 그 원인에 관한 기사를 읽으면 머리털이 곤두선다. 아빠는 어떤 일을 하는 사람일까?

조시, 비결이 뭐예요?

많은 사람이 내가 어린 시절을 어떻게 보냈는지 안다. 나는 마을에서 이름난 술주정꾼의 아들이었다. 아버지는 어머니를 괴롭혔고, 대부분 술에 절어 살았으며, 내게 관심을 가지지 않았다. 나는 아버지에게 사랑한다는 말을 들어본 기억이 없다. 내가 불우한 환경에서 자랐기 때문에 우리 아이들도 그런 환경에서 자랄 것 같아 두려웠다. 그래서 잔뜩 겁이 났다.

사람들이 나를 찾아와 묻곤 한다. "조시, 비결이 뭐예요?" 사람들은 이제 어른이 된 우리 아이들, 신실한 그리스도인으로 성장해 건강한 가정을 이룬 켈리, 숀, 케이티, 헤더를 보며 우리가 어떻게 아이들을 길렀는지 알고 싶어한다. 마치 우리가 아이들을 잘 기른 것처럼 보인다. 나는 부모가 다 잘했다고 생각하고 싶지만 그렇지 않다. 솔직히 말하면 실수가 많았다. 그러나 노력했다. 내가 아이들을 하나님과 부모를 공경하는 자녀로 기르기 위해 하나님과 자신, 가족에게 했던 약속을 이 책에 담았다. 그러나 그 약속이 무엇인지 보기 전에 먼저 명심할 것이 있다.

* 아빠는 엄마가 있어야 온전해진다

우리 아이들이 대인관계와 영성, 감성 등 여러 면에서 훌륭하게 자랄 수 있었던 것은 아내 도티 덕분이다. 내가 아빠로서 책임을 다하지 못했던 것은 아니다. 나는 아빠 노릇을 가볍게 여기지 않았다. 그러나 언제나 아이들 곁에서 사랑으로 가르치고 지도한 사람은 아내였다. 나는 여러 곳에 설교하러 다녔기에 집을 비울 때가 많았다. 아내는 내가 아빠 노릇을 잘할 수 있게 많이 도와주었다. 그리고 내게 부족한 눈과 귀와 마음이 되어주었다. 아내는 내가 볼 수 없는 것을 볼 수 있었다. 나는 아내의 관점이 필요했다. 나는 목소리를 들어도 상대의 기분을 파악하지 못했지만 아내는 달랐다. 나는 아내의 통찰이 필요했다. 아내는 내가 느끼지 못하는 것을 마음으로 느낄 수 있었다. 나는 아내의 감각이 필요했다. 실제로 아내는 부족한 남편을 온전한 아빠로 만들어주었다.

지금 이 책을 읽는 독자들 중에는 엄마가 많을 것이다. 책을 읽는 사람 대부분이 여자기 때문이다. 첫째, 나는 이 책을 남편과 함께 읽을 것을 권한다. 둘째, 남편이 아버지의 10가지 약속을 지킬 수 있게 힘써 주기를 부탁한다. 남편은 아내가 도와주고 응원하고 존중하고 용납하고 위로하고 인정하고 이해해 주어야 이 일을 감당할 수 있다. 당신에게는 남편에게 부족한 인생과 인간관계에 대한 안목과 통찰, 감각이 있다. 하나님은 부부를 그렇게 만드셨다. 하나님은 각 사람에게 상대에게 필요한 통찰과 능력을 주신다. 그리스도의 몸인 교회와 마찬가지다. 사도 바울은 말했다. "이와 같이 우리 많은 사람이 그리스도 안에서 한 몸이 되어 서로 지체가 되었느니라"(롬 12:5).

아빠가 된 남자들이여, 순순히 아내의 도움을 받자. 당신이 아버지 노릇을 제대로 하려면 생각하는 것보다 더 아내의 도움이 필요하다. 아내가 이 책을 읽고 있지 않으면 같이 읽도록 권유하고, 당신이 되고 싶은 아버지, 하나님이 원하시는 아버지가 될 수 있게 도와달라고 부탁하자. 엄마가 된 여자들이여, 남편이 좋은 아빠가 되기 위해서는 당신의 역할이 중요하다. 남편을 도와주자. 남편은 당신의 도움이 절실하다.

당신이 혼자 자녀를 기르는 아빠라도 낙심할 것 없다. 물론 엄마 없이 자녀를 기르기는 쉽지 않다. 혹시 전처가 있다면 최선을 다해 좋은 관계를 유지하고, 상황은 이상적이지 않지만 가능한 한 자녀를 위한 최선의 상황을 만들기 위해 힘쓰자. 같은 교회의 그리스도인 부부와 친하게 지내는 것도 한 가지 방법이다. 앞에서 말한 것처럼 우리는 그리스도의 몸으로서 서로 지체가 되었다(롬 12:5). 그들에게 도와달라고 부탁하자. 함께 이 책을 읽고 추가적인 통찰과 도움을 받자. 혼자 힘으로는 아이를 잘 기를 수 없다. 하나님의 뜻은 우리가 서로 돕고, 지체와 아이들에게 책임을 다하는 것이다.

✻ 시간을 최대한 활용하라

내 상황은 다른 사람들과 달랐다. 앞서 말한 것처럼 나는 평생 순회설교자로 살았다. 그래서 집을 비우기가 일쑤였다. 나쁜 점은 내 마음과는 달리 아이들과 같이 있는 시간이 부족했다는 것이다. 반면 좋은 점은 주어진 시간을 최대한 활용했다는 것이다.

아직 실감하지 못하는 부모가 있겠지만, 아이들은 금방 자라 둥지를 떠난다. 시간은 빛의 속도로 날아간다. 지금 대학에 다닐 나이의 자녀와 사이가 좋지 않은 아빠들이 자주 가슴을 치며 하는 말이 있다. "아이가 자랄 때 충분히 같이 있어 주지 못했어요."

시편 기자가 그것을 정확히 표현했다. "우리에게 우리 날 계수함을 가르치사 지혜로운 마음을 얻게 하소서"(시 90:12). 집에 있는 경우, 나는 깨어 있는 시간은 온전히 아이들과 같이 보내야 한다는 것을 배웠다. 나는 시간을 허비하고 싶지 않았다. 출장 갔을 때는 아이들에게 편지를 쓰고 전화도 했다. 집은 떠나 있어도 아이들에게서는 떠나지 않았다는 것을 확실히 해두고 싶었다.

하루하루를 의미 있게 보내자. 아이들에게 관심을 갖자. 의식적으로 그렇게 하자. 필요하다면 아이들과 보내는 시간을 거래처 약속처럼 정하자. 아이들과 같이 보낼 수 있는 시간을 허비하지 말자.

✱ 아빠의 영향을 과소평가하지 말라

얼마 전 어떤 아버지가 찾아와 말했다. "조시, 나는 경쟁 상대가 안 돼요. 우리 아이들은 아이폰, 아이패드, 아이튠스, 문자, 트위터, 이메일, 인터넷, 영화, 학교 같은 여러 가지에 사로잡혀 있어요. 아이들은 아빠만 빼고 모든 사람에게 온갖 것을 배워요. 나는 어떻게 해볼 수가 없어요!"

이렇게 느끼는 아빠가 많은데, 이는 확실히 잘못된 생각이다. 오늘날 아이들의 관심을 사로잡고 있는 매체가 많은 것은 사실이지만, 아이들에게 가장 중요하고 큰 영향을 미치는 인물은 바로 아버지다.

전국적으로 실시한 한 온라인 연구결과에 따르면, 청소년의 45퍼센트가 본받고 싶어하는 인물은 부모다.[1] 당신은 아이들이 본받고 싶어하는 인물이 인기 있는 가수나 젊은 영화배우, 스포츠 선수라고 짐작할 것이다. 그러나 그렇지 않다. 다른 연구결과에 따르면 아이들의 32퍼센트가 친구들에게서 도움과 영감을 받는다고 대답했고, 15퍼센트만이 유명인이라고 답했다.[2] 사실 이런 연구결과를 살펴보면, 자녀가 25세가 될 때까지 그 행동에 가장 큰 영향을 주는 것은 당신, 즉 아버지와의 애정 어린 친밀한 관계다.[3] 최근 플로리다대학교 연구원들은 이렇게 발표했다. "좋은 소식이 있다. 십 대 대다수는 부모의 생각과 달리 부모의 말에 귀를 기울인다."[4]

때로 아이가 부모의 말을 귀담아듣지 않는 것처럼 보이지만, 실은 그렇지 않다고 하자. 당신은 아이에게 무슨 말을 해야 할지 알고 있는가? 자녀에게 바라는 것이 무엇인지 알고 있는가? 아이에게 가르쳐주고 싶은 것이 무엇인지 구체적으로 알고 있는가?

* 자녀에게 바라는 것을 분명히 하라

"표적이 없는 사람은 늘 백발백중이다"나 "목적지를 모르는 사람은 늘 목적지에 도착한다"는 말을 들어보았을 것이다. 자녀양육도 마찬가지다. 자녀에게 무엇을 주고 싶은지 모르는 아버지는 자녀에게 아무것도 줄 수 없다.

우리는 자녀를 어디로 이끌어야 하는지 알아야 한다. 그렇지 않으면 자녀를 바르게 지도하지 못한다. 당신은 자녀에게 바라는 것이 무엇인지 알고 있는가? 잠시 생각해 보자. 당신이 아끼고 사랑하는 자녀에게 근본적으로 바라는 것이 무엇인가?

많은 대답이 떠오를 것이다. 똑같은 질문을 하나님께 드려보자. 당신을 아끼고 사랑하시는 창조주 하나님이 당신에게 바라시는 것은 무엇일까? 어떤 사람은 하나님이 우리에게 바라시는 것은 오직 계명을 지키는 것, 즉 섬기고 순종하는 것이라고 생각한다. 당신은 아이가 부모의 말에 순종하기만을 바라는가? 성경은 자녀를 향해 부모에게 순종하라고 가르치며, 하나님은 확실히 당신이 순종하기를 바라신다. 그러나 그보다 더 기본적인 것이 있다. 하나님은 정말 순종을 바라시지만 거기에는 선한 이유가 있다.

예수님은 제자들에게 모세의 율법을 가르치셨다. 그리고 그들이 스승과 성경의 계명에 헌신하기 바라셨다. 그러면서도 예수님은 제자들의 헌신을 정말로 바라시는 '이유'의 핵심을 밝히셨다. 그것은 우리 각 사람에게도 해당된다. "내가 이것을 너희에게 이름은 내 기쁨이 너희 안에 있어 너희 기쁨을 충만하게 하려 함이라"(요 15:11). 넘치는 기쁨, 바로 그것이 하나님이 자녀에게 바라시는 것이다. 우리가 아이에게 바라는 것도 그것이다. 우리는 아이가 행복하기 바란다. 인생을 즐기고, 안전하게 보호받으며, 의미와 목적, 만족을 느끼는 사람이 되기 원한다. 우리 대부분은 바르게 살아야 기쁘게 살 수 있다고 믿는다. 그렇게 믿는 데는 분명한 근거가 있다.

다윗 왕과 아들 솔로몬은 이렇게 썼다.

행위가 온전하여 여호와의 율법을 따라 행하는 자들은 복이 있음이여 여호와의 증거들을 지키고 전심으로 여호와를 구하는 자는 복이 있도다 (시 119:1-2)

나로 하여금 주의 계명들의 길로 행하게 하소서 내가 이를 즐거워함이니이다 (시 119:35)

내 소유는 이것이니 곧 주의 법도들을 지킨 것이니이다 (시 119:56)

내 아들아 네가 만일 나의 말을 받으며 나의 계명을 네게 간직하며 네 귀를 지혜에 기울이며 네 마음을 명철에 두며 … 그런즉 네가 공의와 정의와 정직 곧 모든 선한 길을 깨달을 것이라 곧 지혜가 네 마음에 들어가며 지식이 네 영혼을 즐겁게 할 것이요 근신이 너를 지키며 명철이 너를 보호하여 (잠 2:1-2, 9-11)

우리가 아버지로서 아이에게 바라는 것은, 하나님이 '모든 선한 길'과 도덕적으로 올바른 선택을 할 수 있는 지혜를 주셨음을 이해해야 영원한 기쁨을 누린다는 사실을 깨우치는 것이 아닌가? 우리는 아이가 비우호적인 문화에서도 굳건히 설 수 있는 청년으로 자라기 바란다. 그래서 아이가 집을 떠나기 전에 하나님과 인생에 대한 가치관과 관점을 가르쳐주고, 그것을 실현하기 위해 싸울 힘을 길러주고 싶어한다.

다시 말하지만 그것이 이 책의 전부다. 우리는 어깨를 맞대고 아이를 기쁨이 넘치는 삶으로 이끄는 아버지의 10가지 약속을 두루 살펴볼 것이다. 아이는 집을 떠나기 전에 아버지의 도움을 받아, 적어도 아래의 일곱 가지 성품을 배워야 한다.

1. 하나님과 올바른 관계를 형성한다.
2. 건강한 대인관계를 맺는다.
3. 건강한 자아상을 가진다.
4. 성적인 압박을 물리친다.
5. 정직한 사람이 된다.
6. 믿음에 깊이를 더한다.
7. 성공을 다루고 실패를 처리하는 법을 배운다.

자녀가 이 일곱 가지 성품 갖추는 법을 배우면 기쁨이 넘치게 되고, 당신도 그렇게 될 것이다.

✱ 시작은 미약하지만 끝은 창대하리라

솔직히 말해 이 세상에 완벽한 아버지는 없다. 당신도 이 책에서 소개하는 10가지 약속을 완벽하게 지킬 수는 없을 것이다. 약속을 지키겠다는 정신은 완벽할지라도 실제로 완벽하게 지키지는 못할 수도 있다. 하나님이나 자신, 자녀와 약속할 때는 아무리 작은 것이라도 꼭 지키겠다는 깊은 열망이 있어야 한다. 그러나 인간은 불완전한 존재다.

그렇다면 당신의 약속은 그 약속을 늘 지키고, 또 지키기 위해 진심으로 노력하겠다는 시도인 것이다. 이는 곧 당신의 약속은 단지 의향이나 즉흥적인 바람이 아니라 그 이상이라는 뜻이다. 그러나 그 약속이 확실한 보증은 아니다. 그것을 유념하고 아버지의 10가지 약속을 지키기 위해 '최선을 다해' 노력하자.

당신은 그리스도를 따르는 아버지로서, 아이가 장차 직면할 비우호적인 문화에 대응할 수 있도록 준비되기를 바란다. 또 하나님을 예배하고 기쁨과 행복이 넘치는 삶으로 아이를 이끌고자 할 것이다. 당신은 분명 위에 소개한 일곱 가지 성품을 아이가 함양하기 바랄 것이다. 그렇다면 당신은 이제 아버지의 10가지 약속을 선언할 준비가 되었다.

1. 늘 사랑으로 진실을 말하겠다.
2. 자녀에 '대한' 책임이 아니라 자녀를 '위한' 책임을 다하겠다.
3. (완벽하지 않아도) 정직한 모범을 보이겠다.
4. 하나님의 본질과 성품을 설명해 주겠다.
5. 이기적이지 않은 자기애를 가르치겠다.
6. 하나님의 방법으로 건강한 사랑의 관계 맺는 법을 가르치겠다.
7. 선악 분별하는 법을 가르치겠다.
8. 하나님이 정하신 성(性) 존중하는 법을 가르치겠다.
9. 믿음의 근거를 설명해 주겠다.
10. 감사하는 마음을 길러주겠다.

우리는 앞으로 아버지의 10가지 약속을 지킬 수 있는 방법을 살펴볼 것이다. 그래도 아이가 완벽하게 자란다는 보장은 없다. 하나님과 자신, 이웃을 사랑하는 아이로 기르기 위해, 당신이 얼마나 부지런히 완벽한 아버지 노릇을 하든지 간에, 어떤 길을 선택할지에 대한 최종 결정권은 아이에게 있다. 아이의 선택을 당신이 대신할 수 없다. 당신이 아이를 위해 할 수 있는 것은 올바른 토대와 건강한 모범, 바른 길을 선택하는 훈련을 제공하는 것뿐이다.

주말 캠핑여행이나 6주 완성 가족성경공부로는 당신의 신앙과 가치관을 자녀에게 물려줄 수 없다. 매일, 매주, 매달 아이와 소통

하면서 가르치지 않으면 불가능한 일이다. 분명한 목적을 가지고 하나님, 인생, 사랑, 인간관계에 대한 진리를 가르쳐야 한다.

모세는 이스라엘의 자녀들에게 마음과 뜻과 힘을 다해 주님을 사랑하고, 하나님의 계명을 지켜야 한다고 가르쳤다. 그리고 이렇게 덧붙였다.

> 네 자녀에게 부지런히 가르치며 집에 앉았을 때에든지 길을 갈 때에든지 누워 있을 때에든지 일어날 때에든지 이 말씀을 강론할 것이며 (신 6:7)

이처럼 자녀를 가르치는 것은 지속적인 과정이었다. 그것은 지금도 마찬가지다.

02

아버지의 첫 번째 약속

늘 사랑으로 진실을 말하겠다

"조시, 우리 아이들을 어떻게 해야 합니까?"

어떤 아버지가 내 팔을 붙잡고 물었다. 자녀 교육에 관한 강연이 끝난 뒤 찾아온 그 남자의 표정은 매우 절박했다. 그는 17세, 13세, 10세의 자녀 셋을 두고 있었다.

"그 아이들은 교회에서 가장 심한 악동입니다. 그리고 내가 그 교회 목사입니다." 그가 계속 말했다.

"할 수 있는 일은 다 해보았습니다. 하나님의 진리를 꾸준히 가르쳤고, 성경암송도 시켰습니다. 아이들은 자기가 어떻게 처신해야 하는지도 알고 있습니다. 그러나 내가 규칙을 가르쳐도 말을 듣지 않고 툭하면 나한테 화를 냅니다. 무슨 방법이 없겠습니까?"

그 아버지는 자녀를 바르게 교육하기 위해 백방으로 노력했다. 말은 하지 않았지만 아이들이 행복하기를 바라는 것이 분명했고, 그들이 행실을 고치지 않으면 결국 대가를 치르게 된다는 것을 알고 있었다. 우리는 모두 자녀가 바르게 행동해 고통받지 않기를 바란다.

나는 그의 어깨에 손을 얹고 눈을 똑바로 쳐다보았다.

"목사님, 규칙을 없애십시오."

"예?" 그는 내 말이 무슨 뜻인지 모르겠다는 표정이었다.

"그게 문제입니다. 아이들은 이제 어떤 규칙도 따르지 않고, 심지어 규칙이 필요한 줄도 모릅니다!"

"무슨 말씀인지 알겠습니다. 그러나 다시 말씀드리지만, 아이들에게 규칙을 강요하지 마십시오."[1]

성경에는 자녀를 바르게 가르치지만 노엽게 하는 아빠들에게 전하는 메시지가 있다. "또 아비들아 너희 자녀를 노엽게 하지 말고 오직 주의 교훈과 훈계로 양육하라"(엡 6:4). 아빠의 행동은 아이를 '노엽게' 할 수 있다. 그 목사의 행동이 그랬다. 그는 아이들에게 규칙을 가르치면서 아이들을 화나게 만들었다.

성경에서 말하는 '노엽게 한다'는 것은 무슨 뜻일까? 에베소서 6장에서 사용한 헬라어 '파로르기조'(παροργίζω)라는 단어는, 말 그대로 '화나게 하다'라는 뜻이다. 이 본문은 아빠들에게 아이를 대할 때 화나게 만들지 말라고 이른다. 우리의 말과 행동, 그 방식이 아이를 노엽게 할 수 있다.

NIV 성경은 이 구절을 "아버지들아 너희 자녀를 '격분시키지' 말라"고 번역하고, 필립스(J. B. Phillips)는 "아버지들아 너희 자녀를 '지나치게 혼내지 말라' 그렇지 않으면 자녀가 계명을 지키기 힘들어진다"고 옮긴다. 또 리빙바이블(The Living Bible)은 "계속 '야단치고 잔소리해서' 너희 자녀가 원망과 분을 품게 만들지 말라"고 번역한다. 성경은 이렇게도 말한다. "아비들아 너희 자녀를 노엽게 하지 말지니 낙심할까 함이라"(골 3:21). 성경의 요점은 분명하다. 아빠는 자녀를 노엽게 해서는 안 된다. 물론 성경은 부모에게 순종하라고 자녀들에게 가르치지만, 우리 아빠들은 아이가 화나지 않게 행동해야 할 어려운 임무를 맡았다. 그렇다면 아이를 어떻게 대해야 부정적인 행동 대신 긍정적인 반응을 얻을 수 있을까?

네 가지 자녀양육법

당신은 그리스도를 믿는 아빠로서 아이가 잘되기 바란다. 당신 생각에는 아이를 가르치려면 규칙과 훈계가 필요할 것 같은데, 아이는 부모의 가르침을 재미있게 노는 것을 방해하는 것으로 느낀

다. 그렇게 되면 아이는 아빠를 분위기 망치는 사람으로 생각한다. 당신은 아이에게 "아빠는 아무것도 못하게 해!" "요즘은 재미가 없어!" "아빠가 뭘 알아!" 같은 말을 들어본 적이 있는가? 사실 아이는 부모가 금지하는 이유를 모른다. 그래서 규칙을 강요하면 종종 집안에서 분란이나 입씨름, 갈등이 불거진다. 규칙이 늘수록 아이와 부딪히는 일도 더 많아진다.

아빠들은 스스로 인식하지 못하더라도 저마다 자녀 기르는 방식을 가지고 있다. 자녀양육법은 부모의 권위 및 부모와 자녀의 관계를 보는 관점과 관련 있다. 당신의 자녀양육법은 분명히 당신이 받은 가정교육과 부모와의 관계에 영향받았을 것이다. 따라서 우리가 규칙과 관계를 보는 관점은 대개 우리가 자녀를 대하는 태도를 결정한다.

* 독재자 아빠

"숙제 다 했어?" "시킨 대로 쓰레기 갖다 버렸니?" "밤 열 시까지 들어오랬지. 그렇게 했어?" 이런 질문은 독재자 아빠가 물을 법한 것이다. 그러나 이 같은 자녀양육법을 결정하는 것은 질문의 유형이 아니라 권위를 사용하는 부모의 태도다. 이런 부모를 때로 '독재자 형'이라고 한다. 사사건건 통제하는 부모는 철저한 순종을 요구한다. 당신은 위협하거나 윽박질러 아이를 통제하는 아빠를 한두

명쯤은 보았을 것이다. "시키는 대로 해!"라는 지시가 그들의 양육법이다.

극단적인 독재자 아빠들은 아이에게 절대 권력을 휘두르고, 아이의 감정과 신체를 학대하기도 한다. 그러나 규칙을 지나치게 강요하지 않는 많은 독재자 아빠는 아이에게 '좋은 가정'을 제공하는 것처럼 보일 수 있다. 아이를 잘 먹이고, 잘 입히며, 친구들과 놀도록 허락한다. 요컨대 그들은 '정상적인 생활'에 필요한 모든 것을 제공하는 것처럼 보인다.

독재자 아빠는 아이가 말을 듣지 않을 경우 결코 때리거나 가두지는 않지만, 여전히 지배자로 군림한다. 규칙은 매우 좋아하지만 관계는 약하다. 한쪽으로 기울어진 모양의 시소를 생각해 보라. 규칙을 매우 강조하는 쪽은 허공을 향하고, 부실한 관계는 바닥에 닿아 있다.

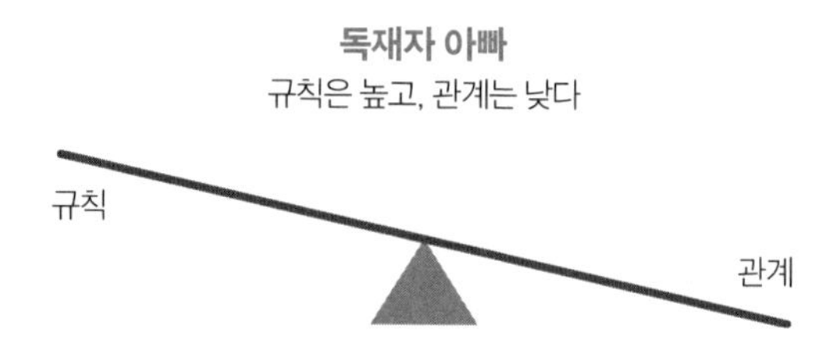

독재자 형 부모 밑에서 자라는 아이들의 태도는 '탈출' 아니면 '투쟁'이다. 그러나 어느 쪽이든 분노는 빠지지 않는다. '탈출'을 감행하는 아이들은 실제로 가출은 하지 않더라도 감정과 관계를 차단한다. 자립심을 기르면서 적어도 겉으로는 순종한다. 그러나 마음으로는 격렬하게 저항한다. 당신은 이 이야기를 들어본 적이 있을 것이다. 어떤 아빠가 아이에게 앉으라고 지시했다. 소년은 앉고 싶지 않았고, 제 기분을 숨기지도 않았다. 그 순간 아버지는 고함을 질렀다.

"앉아! 안 그러면 강제로 앉히겠어!"

소년은 재빨리 앉으면서 나직이 말했다.

"내 몸은 앉아도 내 마음은 서 있어!"

독재자 아빠의 강압적인 요구에 말없이 순종하는 아이가, 자발적으로 바르게 행동하는 아이로 성장할 가능성은 희박하다. 억압받는 아이는 실망과 분노를 품고 자란다.

그러나 '투쟁'을 선택하는 아이들은 분노를 표출한다. 서두에서 말한 목사의 경우에 해당하는 것으로, 그 자녀들은 공공연하게 반항했다. 그 아이들은 아빠가 강요하는 규칙이 조금도 마음에 들지 않았다. 한번 생각해 보라. 당신이라면 자유와 즐거움을 제한하는 규칙에 어떻게 반응하겠는가? 우리는 규칙을 위해 규칙을 강요하는 사람에게는 당연히 저항한다. 우리는 그렇게 만들어진 존재다. 규칙은 사랑하는 사이에서만 효용이 있다.

✱ 너무 너그러운 아빠

독재적인 부모의 규제 아래 자란 탓에 자기 아이도 같은 식으로 기르는 아빠가 있는 반면, 규칙 따위는 깡그리 내다버리고 지나치게 너그러운 아빠도 있다. 그런 아빠는 결국 아이에게 모든 것을 허용하는 '너무 너그러운' 아빠가 된다.

너무 너그러운 아빠의 시소는 독재자 아빠의 것과 정반대다. 규칙은 아래로 향하고 관계는 위로 향한다. 그러나 너무 너그러운 아빠와 아이의 관계는 피상적이고 건강하지 못하다. 아이는 대체로 '아빠는 나한테 관심이 없어.'라고 느낀다.

너무 너그러운 아빠

관계는 높고(건강하지 않음), 규칙은 낮다

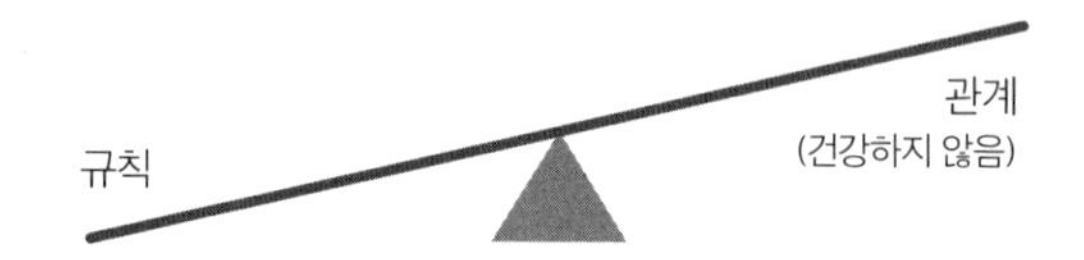

당신은 너무 너그러운 아빠들이 어떻게 행동하는지에 대해 듣거나 본 적이 있을 것이다. 사실 행동하는 쪽은 아이들이고, 그런 아빠는 아이가 장난감, 화단, 가구 등을 망가뜨리면서 대체로 조용하고 평화로운 집안을 어지럽히는 모습을 가만히 서서 지켜볼 뿐이다.

너무 너그러운 부모 밑에서 자란 아이는 부모를 인질로 잡기 일쑤다. 한 아빠가 네 살 된 아들을 차에 태우려 무던히도 애썼지만, 아이는 재미있는 놀이를 멈추고 싶지 않았다.

"자, 조니, 우리 지금 가야 해. 어서 차에 타세요." 아빠가 부탁했지만 아이는 듣지 않았다. 잠시 뒤 아빠가 다시 부탁했다. 아이는 여전히 아빠의 말을 듣지 않았다.

시간이 조금 더 흘렀다. 마침내 아빠가 무섭게 말했다.

"조나단 데이비드, 아빠 말 들으세요! 열까지만 세겠어요. 그 안에 어서 차에 타세요!"

너무 너그러운 부모 밑에서 자란 아이들은 제 마음대로 행동하지만, 독재자 부모 밑에서 자란 아이들보다 더 행복한 것은 아니다. 규칙과 관계가 불균형하기 때문이다. 솔직히 말하면 규칙을 배우지 못한 아이는 이렇게 생각한다. '아빠가 정말 나를 사랑한다면 내가 하는 일에 더 관심을 가질 텐데…. 때로는 하지 말라고 말할 텐데…. 아빠는 나를 정말 사랑하지 않는 거야.'

* 소홀한 아빠

자녀에게 소홀한 아빠도 있다. 그런 아빠를 '자유방임 형'이라고 부른다. 그들은 자기 생활이나 일로 너무 바빠 아이를 방치해 두고 같이 시간을 보내지 않는다. 실패가 두려워 아이에게 무관심한 아빠도 있겠지만, 어떤 이유로든 아이는 아빠에게 버림받았다고 느낀다. 부모의 관심을 받지 못하고 자란 아이는 상처받고 분노를 느낀다. 내가 그런 아이였다. 아버지는 늘 술에 절어 있어 내게 관심을 갖지 못했다.

어느 토요일 아침이었다. 당시 열한 살이던 나는, 아침 해가 뜨기 전에 일어나 인부들이 도착할 때쯤에는 이미 아침 일과를 모두 끝냈다.

며칠 동안 인부들은 부모님의 농장에 있는 작은 집을 들어내 다른 장소로 옮길 준비를 하고 있었다. 어른이 된 형 윌몬트가 아버지의 반대에도 불구하고 아예 집을 뜯어내 가져가려 했던 것이다. 형은 아버지와 심하게 싸웠고, 그 싸움은 형이 농장의 절반을 차지하겠다는 전면전으로 번졌다. 소송에서 이긴 형은 그날 아침 주택 이전을 허가하는 법원 명령서를 가지고 보안관과 부관을 대동한 채 도착했다.

그러나 나는 가족의 싸움에 참견하지 않으려 노력했다. 나는 아버지와 형이 싸우지 않기를 바랐지만, 그것은 두 사람의 문제였다. 그날 나는 단지 집 전체가 실려 가는 것을 구경하는 재미만 즐기고 싶었다. 열한 살 소년에게 집이 통째로 움직이는 것은 순회서커스 공연보다 더 재미있는 광경이었다.

그런데 견인차가 집에 달라붙자 평소와 다름없이 술에 취한 아버지가 형에게 고함을 질렀다. 보안관은 험악한 사태를 미리 막고자 비틀거리는 아버지에게 재빨리 다가갔다.

그러나 너무 늦었다. 아버지의 행패를 예상한 형이 이웃 농부들에게, 현장에서 자신을 지지해 달라고 부탁해 놓은 것이다. 이웃사람들은 보안관이 붙잡은 아버지를 향해 욕설을 퍼부었다.

그 광경을 지켜보던 나는 공포에 질렸다. 신이 났던 감정은 수치심으로 변했다. 싸움이 격렬해지자 나는 무서웠고, 이웃과 친구들이 지켜보는 앞에서 가족이 싸우는 것이 창피했다. 나는 부끄러운 현장을 떠나 가까운 헛간으로 달려갔다. 헛간 문을 닫은 뒤 곡식을 저장하는 통에 들어가 턱 밑까지 몸을 묻었다.

어둡고 조용한 헛간에 혼자 있게 되자 수치심은 서서히 분노로 변했다. 나는 술버릇 때문에 가정에 분란을 일으킨 아버지에게 화가 났다. 아버지의 멀쩡한 모습을 볼 수 없는 것에 화가 났고, 아버지가 엄마를 학대하는 것에도 화가 났다. 그러나 무엇보다 외로웠다.

나는 아주 오랫동안 곡식 통에 누워 있었다. 나를 찾으러 오는 사람은 아무도 없었다. 아버지는 내가 사라진 것도 알지 못했다. 마치 모두에게 버림받은 것 같았다. 나는 쓸모없는 아이였다.

소홀한 아빠

관계도 낮고, 규칙도 낮다

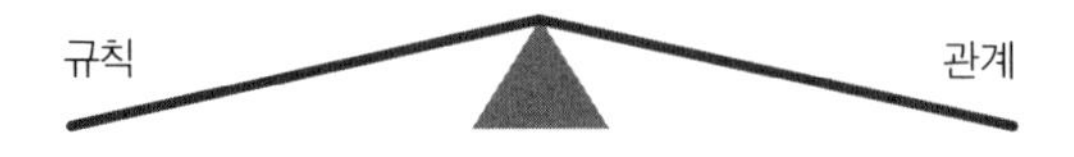

관심도 대화도 없다는 것은 아이에게 "넌 쓸모없는 아이야. 중요한 사람이 아니야. 보잘것없는 존재야."라고 말하는 것이다. 다시 말하지만 상처는 안으로 곪아 원한이 되고, 분노가 되어 밖으로 폭발한다.

* 사랑하는 아빠

마지막 자녀양육법은 '사랑으로 기르는 것'이다. 이런 아빠는 아이를 훌륭한 사람으로 기르는 것을 가장 중요하게 여긴다. 그들은 규칙과 관계의 수량적 균형을 이루려 애쓰는 것이 아니라, 사랑의 관계 안에서 규칙을 가르친다. 그러면 아이는 위험에서 자신을 보호하고 안녕을 제공하려는 사랑의 마음에서 규칙이 나온다는 것을 곧 이해한다.

서두에 소개한 반항하고 분노하는 자녀를 둔 목사에게는 문제가 있었다. 그것은 아이들보다 아빠의 문제였다. 나는 그 목사에게 묻고 싶었다.

"아빠가 규칙을 지키라고 가르치는 이유를 아이들이 알고 있습니까?"

아이들은 몰랐을 것이다. 그 아빠조차도 자기가 규칙을 엄격하게 가르치는 이유를 알지 못했을 것이다. 그러나 관계 안에서 규칙을 가르치면, 규칙의 목적은 보살피고 보호하는 것이라는 매우 훌륭한 이유를 제시할 수 있다.

사도 바울은 아빠들에게 아이를 노엽게 하지 말라고 이른 뒤 이렇게 덧붙인다. "오직 주의 교훈과 훈계로 양육하라"(엡 6:4). 주님의 가르침은 항상 사람에게 가장 유익한 것을 염두에 두고 있다. 히브리서 기자는 말한다. "주께서 그 사랑하시는 자를 징계하시고 … 오직 하나님은 우리의 유익을 위하여…"(히 12:6, 10).

아이가 부모의 규칙, 곧 아이의 유익을 위한 규칙에 화내고 반항할 때, 규칙을 더는 강요하지 않는 것은 표면적으로 모순처럼 보인다. 오히려 규칙을 더 단단히 가르치는 것이 훨씬 효과적인 대응책으로 보인다. 그러나 그러면 아이는 더 분노하고 원망하게 된다. 아이가 부모의 규칙은 하나님의 가르침과 계명처럼 사랑에서 나왔고, 자신에게 유익하다는 것을 알아야 한다. 아빠들은 사랑의 관계 안에서 하나님의 진리와 가족의 규칙을 자녀에게 어떻게 분명하게 가르칠지 배워야 한다.

사랑하는 아빠

규칙은 사랑의 관계 안에 있다

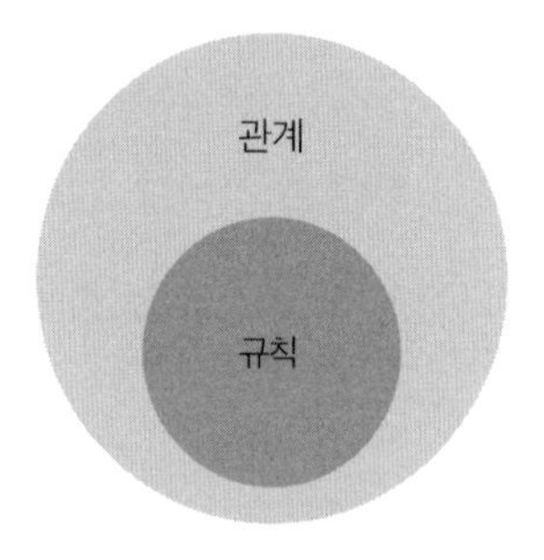

사랑으로 진리를 말하는 법

사도 바울은 에베소서 앞부분에서 "사랑으로 진리만을 말하고"(엡 4:15, 쉬운성경)라는 표현을 사용했다. 진리와 규칙은 언제나 사랑하는 관계에서 나와야 한다는 뜻이다. 당신이 아이에게 어떤 규칙을 가르치는 이유는, 그것이 아이에게 최선이기 때문이다. 당신은 아이를 사랑하기에 아이가 규칙을 따르기 바란다. 그러나 아이는 규칙만 보고 관계의 맥락을 놓친다. 거기에는 이유가 있다.

자녀를 어떤 식으로 양육하든 남자들의 인생관은 여자들보다 더 논리적이고 이성적이다. 절대적은 아니지만 대체로 아빠들은 '따뜻하고 다정한 것'과 거리가 멀다. 즉, 전형적으로 남자는 인간관계에 서툴다. 남자는 친구를 사귀지 못한다거나 사람을 제대로 대하지 못한다는 말이 아니다. 남자도 친구를 사귀고 사람도 만난다. 다만 든든한 인간관계의 맥락에서 진리와 규칙을 보는 것이 자연스럽지 못한 것 같다. 남자들은 흔히 규칙은 규칙이므로, 관계가 좋든 나쁘든 그것을 따라야 한다고 말한다.

사실 하나님은 우리를 관계 '덕분'에 규칙을 따르는 존재로 만드셨다. 인생에는 해야 할 일과 해서는 안 되는 일이 있지만, 그 규칙은 우리에게 평안을 주고 위험에서 우리를 보호하는 것이 목적이다. 사랑의 관계 속에 있는 사람은 사랑하는 사람을 보호하고, 가장 좋은 것을 주고 싶어한다.

당신은 왜 자녀에게 "가스레인지에 손대지 마!"라든지 "길을 건널 때는 좌우를 모두 살펴야 해." "제한 속도를 지켜!"라고 가르치는가? 자녀를 사랑하기 때문이다. 자녀가 다치지 않기를 바라기 때문이다. 그러나 관계의 맥락이 없으면 그런 가르침은 인생의 즐거움을 빼앗아가는 제약처럼 보인다.

그래서 아빠들은 아이에게 의도적이며 일관성 있게 한결같은 사랑으로 규칙을 가르쳐야 한다. 하나님은 우리를 그렇게 가르치신다. 그럼에도 우리는 하나님의 사랑을 놓치기 십상이다. 하나님은 우리의 잘못을 적발하기 위해 숨어서 지켜보는 독재적인 법 집행관이 아니다. 또 너무 너그럽거나 소홀한 분도 아니다. 그분은 우리가 잘되기만을 바라는 사랑의 하나님이다. 다윗 왕은 말했다. "여호와여, 나에게 죄가 없음을 밝혀 주소서. 나는 깨끗하게 살아왔습니다. … 주의 사랑이 항상 나를 감싸고 있기에 내가 변함없이 주의 진리를 따라 살아갑니다."(시 26:1, 3, 쉬운성경). 다윗은 하나님의 진리가 한결같은 사랑 안에 있다는 것을 알았다. 우리 하나님은 관계를 성장시키고 풍성하게 만들 수 있는 가르침을 주신 사랑의 하나님이다. 하나님의 가르침은 건강한 관계가 자라는 옥토다. 나는 아이들에게 그 사실을 전달하기 위해 힘썼다.

"아빠, 잘 놀고 있어요."

켈리가 신나는 목소리로 말했다. 나는 전화기를 귀에 더 가까이 대고 반대쪽 귀를 손가락으로 막았다.

"잘 안 들려. 좀더 크게 말해 봐."

켈리의 친구 집에 모인 급우들이 졸업을 축하하는 소리가 요란하게 들렸다.

"세라가 자고 가래요. 그래도 괜찮아요?"

켈리는 파티장의 소음보다 더 크게 물었다. 켈리에게 몇 가지를 물어본 뒤, 나는 남학생들이 10시 넘어서까지 거기에 남아있을 거라는 사실을 알아냈다. 나는 남학생들이 파티장에 맥주를 '밀반입'하지 않았다고 확신할 수 없었다. 나는 딸에게 말했다.

"파티가 끝나면 곧장 집으로 오는 게 좋겠다."

"하지만 아빠, 세라의 부모님이 여기서 우리를 잘 감시하고 계세요."

"그래, 좋은 분들이지. 하지만 아빠는 거기 있는 남학생들이 마음에 걸린다."

켈리가 이름을 말해 준 남학생들 중에는 동네에서 술을 마시는 파티광으로 소문난 아이들도 있었다. 그래서 나는 그런 아이들이 어둠 속에서 어슬렁거리는 야밤에 딸을 거기에 둘 수가 없었다.

켈리는 그 후 30분 동안 세 번 더 전화했다. 나는 켈리가 울면서 사정을 말하고 나서야 그 이유를 알았다. 그 집에서 자고 싶었던 켈리의 친구들이 더 있었고, 그 아이들도 부모의 허락을 받아야 했다. 켈리 맥도웰의 아빠만 허락하면 그 아이들은 제 부모에게 "조시 맥도웰 아저씨가 켈리에게 자도 된다고 허락했어요."라고 말할 셈이었던 것이다. 그러나 나는 물러서지 않고 단호하게 말했다.

"켈리, 10시까지 집에 와."

"네. 알겠어요."

켈리는 볼멘소리로 대답했다.

나는 켈리가 코를 훌쩍이는 소리를 똑똑히 들었지만 전화를 끊었다. 딸을 실망시키는 아빠가 되기는 싫었다. 그러나 나는 딸이 잘 되기를 바라는 마음으로 그 부탁을 거절했다.

내가 아이들에게 가르친 규칙과 제약은 아이들의 유익을 위한 것이었다. 나는 아이들을 통제하고 싶지 않았다. 하나님도 우리를 통제하지 않으신다. 하나님이 우리에게 주시는 모든 계명과 가르침, 규칙의 목적은 관계다. 모두 우리의 유익을 위해서다. 예수님은 제자들을 가르치신 뒤에 말씀하셨다. "너희가 이것을 알고 행하면 복이 있으리라"(요 13:17).

앞서 말한 것처럼 하나님의 가르침은 우리에게 복을 주고 위험에서 우리를 보호한다. 모세는 이스라엘의 자녀들에게 "내가 오늘 네 행복을 위하여 네게 명하는 여호와의 명령과 규례를 지킬 것이 아니냐"(신 10:13)고 말했다. 하나님이 주시는 모든 계명은 우리를 보살피고 보호하고자 하는 사랑에서 나온다. 우리도 마땅히 사랑으로 자녀를 가르쳐야 하며, 자녀도 그것을 알아야 한다. 그러면 우리는 자녀를 "오직 주의 교훈과 훈계"(엡 6:4)로 양육할 수 있다.

나는 켈리에게 졸업파티가 열린 친구 집에서 자지 말고 10시까지 집에 오라고 말했지만, 나를 위해 그런 말을 한 것은 아니다. 나는 규칙을 가르친 대가를 받지 않는다. 그것은 딸을 위해서였다. 나는 딸에게 가장 좋은 것을 주고 싶었다. 위험에서 딸을 보호하고, 정서적으로나 관계적 영적으로 성장할 수 있는 건강한 환경을 마련해 주고 싶었다. 나는 딸이 아빠의 마음을 알아주어서 기뻤다.

그날 밤 아내와 나는 켈리가 집에 오기 전에 잠자리에 들었다. 켈리는 잠자는 우리를 깨워 외박하지 못하게 해서 고맙다고 말했다.

"아빠, 친구 집에서 자고 싶은 마음은 처음부터 없었어요. 다른 친구들이 아빠의 허락을 받아내라고 다그쳤어요. 그래야 친구들도 부모님 허락을 받아낼 수 있으니까요. 아빠가 거절한 덕분에 거기서 빠져나올 수 있었어요. 거기서 나올 수 있게 해주셔서 고마워요."

진정한 사랑의 관계

이튿날 나는 켈리에게 나쁜 영향을 받지 않게 지켜주고, 최선의 것을 주고 싶었다고 다시 말했다. 딸을 위해서라면 무엇이든 할 것이며, 정말 사랑하기에 시간과 노력, 목숨까지 희생할 수 있다고 이야기해 주었다. 이것이 진정한 사랑이다. 진정한 사랑은 상대에게 가장 좋은 것을 찾아서 준다. 성경은 말한다. "사랑은 오래 참고 사랑은 온유하며 시기하지 아니하며 사랑은 자랑하지 아니하며 교만하지 아니하며 무례히 행하지 아니하며 자기의 유익을 구하지 아니하며"(고전 13:4-5). 즉, 진정한 사랑은 이기적이지 않다.

예수님은 말씀하셨다. "그러므로 무엇이든지 남에게 대접을 받고자 하는 대로 너희도 남을 대접하라"(마 7:12). "네 이웃을 네 자신같이 사랑하라"(마 22:39). "내가 너희를 사랑한 것같이 너희도 서로 사랑하라"(요 13:34). 사도 바울은 그런 이타적인 사랑을 이렇게 설명했다. "자기보다 남을 낫게 여기고 각각 자기 일을 돌볼 뿐더러 또한 각각 다른 사람들의 일을 돌보아"(빌 2:3-4). 바울은 남편들에게도 똑같이 가르쳤다. "자기 아내 사랑하기를 자기 자신과 같이 할지니 … 누구든지 언제나 자기 육체를 미워하지 않고 오직 양육하여 보호하기를"(엡 5:28-29).

이런 이타적인 사랑은 먹이고 기르고 공급하고 아끼고 보호한다. 우리는 이런 성경구절을 통해 사랑의 관계가 어떤 것인지 알 수 있다. 누군가를 정말 사랑한다는 것은 '상대의 안전과 행복, 안녕을 내 것만큼 중요하게 여기는 것'이다.

당신의 자녀는 자신이 이런 사랑을 받고 있다는 사실을 알고 있는가? 부모가 자주 말하지 않는데도 아이가 알고 있을 것이라고 짐작하지 말라. 나는 그 목사의 반항적인 세 아이가 그런 사랑을 받고 있음을 모르는 것 같았다. 그래서 그 목사에게 규칙을 강요하지 말라고 했다. 그리고 관계에 마음을 쓰라고 주문했다. 그는 아이들의 안전과 행복, 안녕을 자신의 것만큼이나 중요하게 여긴다는 것을 아이들에게 보여주고 또 보여주어야 했다. 그것이 사랑으로 진리를 말하는 것이다.

아이 곁에 앉아 아이가 행복하기만을 바란다고 말해 주라. 당신이 행동하고 말하는 것이 완벽하지 않을 때도 있지만, 모두 아이가 다치지 않게 보호하고 아이에게 가장 좋은 것을 주고 싶어서라고 설명하라. 진심으로 이야기하라. 아이가 당신의 사랑을 느껴야 당신과 가까워진다.

몇 년 전, 다트머스의과대학은 아동을 대상으로 한 연구를 진행했다. 이는 "고유한 관계"라는 연구 프로젝트로, 260여 가지 연구결과를 분석했다. 보고서에 따르면 그들이 분석한 모든 연구는 하나도 빠짐없이 한 가지 사실을 보여주었다. 아기가 태어난 순간부터 뇌는 신체적으로나 생물학적, 화학적으로 타인과 관계를 맺게 된다는 것이다. 캘리포니아대학 로스앤젤레스 캠퍼스(UCLA) 의과대학의 권위 있는 전문가 앨런 쇼어(Allan Schore) 박사도 같은 결론을 지지한다. "인간은 나면서부터 애착을 느낀다. 인간의 뇌는 말을 하기 전부터 서로 짝을 이루어 정서적 교류를 통해 발달하도록 만들어졌다."[2]

하나님은 사랑의 관계 안에서 진리를 배우고 경험하도록 인간을 만드셨다. 사랑으로 충만한 관계 안에서 규칙을 가르치면, 아이는 십중팔구 부모를 따른다. 그러나 아이가 사랑 안에서 정서적 안정을 느끼지 못하는데도 규칙과 제약을 강요하면 분노와 원망, 실망만 낳는다(독재자 아빠 유형). 반면 아이가 무엇을 원하든 즉시 주면 성마른 아이로 기르게 된다(너무 너그러운 아빠 유형). 또 바빠서 아이를 방치하면 아이는 자신을 쓸모없는 존재로 여기고 노여움을 품게 된다(소홀한 아빠 유형).

그러나 사랑의 관계 안에서 자녀를 가르치면, 아이는 부모의 보호와 보살핌을 느끼고 바르게 행동한다(사랑하는 아빠 유형). 사랑의 관계 속에서 언제나 사랑으로 진리를 말하기 위해 최선을 다하는 것, 이것이 아빠의 첫 번째 약속이다.

03

아버지의 두 번째 약속

자녀에 '대한' 책임이 아니라 자녀를 '위한' 책임을 다하겠다

"두 사람, 계속 떠들면 당장 교장실로 갈 줄 알아!"

칼슨 선생님이 고함을 질렀다. 반항적인 5학년 남학생 둘이 숙제를 하지 않아 조금 전에 꾸중을 들었다. 그리고 지금은 수업을 방해해 혼나고 있다.

내 아들 숀은 두 말썽꾼에게서 조금 떨어진 곳에 앉아 있었다. 세 아이는 같은 축구팀이었다. 그러나 두 말썽꾼은 숀에게 무관심했다. 노골적으로 무시하지는 않았지만, 숀과 친하게 지내지도 않았다.

숀은 그 '거친 녀석들'에게 '거친 녀석'으로 인정받고, 자기가 그들 편이라는 것을 보여주고 싶었다. 선생님에게 도전하는 모습을 보이면 인정받을 수 있을 것 같았다. 그래서 선생님이 돌아서서 판서하는 동안, 숀은 선생님의 등에 대고 가운데 손가락을 치켜들었다. 숀은 눈도장을 확실히 받았다.

수업이 끝나자 두 녀석을 포함한 모든 아이가 몰려와 숀을 유명인처럼 대접했다. 문제는 숀이 수업시간에 한 행동이 아내와 내 귀에까지 들렸고, 숀은 결국 유명인의 신분을 잃게 되었다는 것이다. 이에 관한 이야기를 더 하고자 한다.

나는 그 일이 조금 부끄러웠다. 그래서 아빠의 체면을 손상한 벌로 숀을 단단히 혼낼 수도 있었다. 나는 '지켜야 할 체면이 있고, 보호해야 할 평판이 있다'는 태도로 호통을 칠 수 있었다. 그렇게 했다면 아이의 행동은 부모의 얼굴이라는 자기중심적인 사고의 덫에 걸려든 격이 되었을 것이다. 그리고 숀의 행동에 대해 책임져야 한다고 느꼈을 것이다. 그러나 사실 숀이 하거나 하지 않은 일의 책임은 내가 지는 것이 아니다. 아빠는 아이의 행동에 대해 책임지지 않는다.

이 말이 이상하게 들릴 수 있을 것이다. 아이의 행동에 대해 책임져야 한다고 느끼는 아버지가 많다. 마치 그들은 착한 일이든 나쁜 일이든, 아이가 하는 일은 모두 부모의 역량이라고 느끼는 것 같다. 어떤 면에서는 그렇기도 하다. 아이는 부모의 성씨를 가지고 있고, 사람들은 아이의 행동을 보고 부모를 칭찬하기도 하고 비난하기도 한다. 그러나 각 사람은 스스로 선택하고, 그 행동에 대한 책임은 오직 자신이 져야 한다.

사도 바울은 "자기를 다른 사람과 비교하지 마십시오. 사람은 저마다 자기 일을 살펴야 합니다. 그러면 자랑할 일이 자기에게만 있을 것입니다. 사람은 저마다 자기 일에 책임을 져야 합니다."(갈 6:4-5, 쉬운성경)고 말했다. 사람들은 모두 선택을 한다. 아이도 사람이다. 당신과 나는 다른 사람의 선택에 책임지지 않는다.

하나님은 각 사람에게 선한 일이든 악한 일이든 스스로 선택할 권리를 주셨다. 우리 또한 하나님을 사랑할지 말지 선택해야 한다. 하나님은 태초에 아담과 하와에게도 선택권을 주셨다. 이 최초의 관계는 자유롭고 자발적인 진실한 사랑에 기초했다. 최초의 부부는 자유롭게 선택했고, 하나님은 위험을 각오하셨다. 그것은 아담과 하와가 사랑의 관계 안에서 받은 하나님의 가르침을 거절할 수 있다는 위험이었다.

진실한 사랑은 강요할 수 없다. 하나님은 인간이 하나님을 사랑하기로 선택해야 한다는 것을 아셨다. 또 인간이 하나님을 거부할 때 일어날 무서운 결과에 대해서도 알고 계셨다. 그래서 하나님은 인간이 하나님보다 더 좋아하는 것이 조금이라도 있으면 질투하신다. 성경은 하나님의 첫 계명을 이렇게 기록한다. "너는 다른 신에게 절하지 말라 여호와는 질투라 이름하는 질투의 하나님임이니라"(출 34:14). 1996년에 출간된 NLT(New Living Translation) 성경은 '질투의 하나님'을 '너희를 맹렬하게 사랑하는 하나님'으로 옮긴다.[1]

하나님은 거룩한 질투심으로 우리를 보살피신다. 그분은 우리가 잘못된 선택으로 고통당하는 것을 보고 싶어하지 않으신다. 그래서 우리에게 가르침과 계명, 규칙을 주셨다. 앞에서 말한 것처럼 이런 가르침은 우리의 안전과 유익을 위한 것이다. 우리는 자유롭게 하나님과 그분의 길을 선택하지만, 하나님은 강요하지 않으신다. 또 하나님은 우리의 선택에 대해 책임지지 않으신다.

우리를 '위한' 책임

이 말은 하나님이 피조물에 대한 책임감을 전혀 느끼지 않으신다는 뜻이 아니다. 다음 성경구절에서 알 수 있듯이 하나님은 분명히 책임을 지신다. 그러나 그 책임은 우리나 우리의 선택에 대한 책임이 아니라 우리를 '위한' 책임이다.

- 누구보다 먼저 우리를 있는 모습 그대로 '받아주신' 분은 하나님이다. 사실 "우리가 아직 죄인 되었을 때에 그리스도께서 우리를 위하여 죽으심"(롬 5:8)을 허락하신 분도 하나님이다. 우리는 이

사실에 안정감을 느낀다.

- 우리는 하나님을 '만날' 수 있다. 하나님은 "내가 세상 끝날까지 너희와 항상 함께 있으리라"(마 28:20)고 약속하셨다. 우리는 이 사실에 자부심을 느낀다.

- 하나님은 우리를 '칭찬'하신다. 하나님은 신실한 사람들에게 "잘 하였도다 착하고 충성된 종아"(마 25:23)라고 말씀하신다. 우리는 이 사실에 자긍심을 느낀다.

- 하나님은 우리의 처지를 공감하시며 우리를 '인정'하신다. 성경은 우리의 대제사장 예수님에 대해 이렇게 말한다. "우리의 연약함을 동정하지 못하실 이가 아니요 모든 일에 우리와 똑같이 시험을 받으신 이로되 죄는 없으시니라"(히 4:15). 우리는 이 사실에 자신감을 느낀다.

- 하나님은 우리가 하거나 하지 않은 일에 대해 '책임'을 물으신다. 바울은 "우리 각 사람이 자기 일을 하나님께 직고하리라"(롬 14:12)고 말했다. 우리는 이 사실에 책임감을 느낀다.

우리가 자녀에 '대해' 책임지기보다 하나님을 본받아 자녀를 '위해' 책임을 다하면, 자녀도 안정감, 자부심, 자긍심, 자신감, 책임감을 느끼게 될 것이다.

잘못에 대해 책임지게 하면 아이가 책임감을 기를 수 있다

주변에서 마치 세상이 제 것인 것처럼 주인 행세하는 아이를 본 적이 있는가? 나는 본 적이 있다. 자기 행동에 책임질 줄 모르는 아이가 대개 주인 행세를 한다. 결국 그런 아이는 무책임하고 남들이 해주기만을 기대하는 사람이 된다.

수업시간에 내 아들이 한 행동은 잘못이었다. 나는 누군가에게 가운데 손가락을 치켜든 아들의 행동을 용납할 수 없었다. 숀은 자기의 행동을 책임져야 했다. 나는 숀을 위해 책임을 다해야 한다고 느꼈기에, 용납할 수 없는 그 아이의 잘못이 내 책임이라고 여겼다면 했을 법한 행동은 하지 않았다.

숀의 잘못이 내 책임이라고 느꼈다면 다시는 내 얼굴에 먹칠을 하지 못하게 단단히 혼을 냈을 것이다. 물론 그것은 이기적인 행동이다. 그 일로 내가 수치를 느끼고, 내 체면과 위신을 우려한 것이기 때문이다. 그것은 내 아들의 성품을 함양하는 방법이 아니다.

앞 장에서 나는 사랑의 관계 안에서 규칙을 가르치는 '사랑하는 아빠'에 대해 이야기했다. 사랑하는 아빠는 사랑의 관계 안에서 책임을 가르치고 징계한다. 히브리서 기자는 이렇게 일깨운다. "그들은 잠시 자기의 뜻대로 우리를 징계하였거니와 오직 하나님은 우리의 유익을 위하여 그의 거룩하심에 참여하게 하시느니라"(히 12:10). 하나님의 징계에는 목적이 있다. 즉, 우리가 하나님을 더욱 본받게 하기 위함이다. 그것은 분명히 우리에게 유익한 일이다. 우리는 하나님의 형상을 실현하는 존재로, 그것을 통해 존재 목적을 이루고 인생의 의미와 기쁨을 얻는다. 우리가 자신이 아닌 자녀의 유익을 위해 자녀에게 책임을 지우면, 자녀도 목적의식과 책임감을 느끼게 된다.

그러나 솔직히 나는 관계의 맥락 안에서 자녀를 징계하는 데 서툴렀다. 딸이 어떤 잘못을 하면, 나는 이틀이면 될 것을 반 년이나 외출을 허락하지 않으려고 별렀다. 내가 징계의 목적을 이해할 수 있었던 것은 아내 덕분이었다. 징계의 목적은 책임감을 가르치는 것이지 '형량'을 채우게 하는 것이 아니었다.

숀의 '가운데 손가락' 사건에 대해 알았을 때, 나는 아내와 그 일에 대해 상의했다. 물론 숀은 그 자리에 없었다. 아내와 미리 상의한 덕분에 내게는 큰 변화가 있었다. 나는 건강하지 못한 태도와 감정을 풀 수 있었다. 우리는 서로 상대의 균형을 훌륭하게 잡아주었다. 나는 아내 덕분에 흥분을 가라앉혔고, 아내는 내 덕분에 더욱 강인해졌다. 나는 신중한 반응이 필요했고, 아내는 강한 정신력이 필요했다. 우리는 각자의 강점으로 상대의 약점을 보완했고, 결국 아이들을 더욱 효과적으로 양육할 수 있었다.

우리는 숀과 차분하게 앉아 그 아이가 왜 그런 행동을 했는지 알고자 노력했다. 부모가 자녀의 행동 원인을 모두 알 수는 없지만, 알고 있으면 부모와 자녀 모두에게 유익하다. 분명 숀은 같이 축구하는 친구들의 우정을 '얻고' 싶어서 그런 행동을 했다. 친구를 얻고 싶은 마음은 고귀하지만 방법은 그러지 못했다. 나는 숀에게 그 사실을 일깨워주고 싶었다.

숀에게 잘못된 행동을 깨우쳐주는 것은 좋은 일이었지만, 잘못을 책임지게 하는 것과는 별개였다. 선생님에게 무례한 짓을 한 원인이 무엇인지 스스로 알든 모르든 숀은 책임감을 배워야 했다. 그러나 우리는 숀을 일깨웠다. 그 결과는 숀에게 직접 들어보자. 숀은 30대에 다음과 같은 글을 썼다.

> 부모님은 외출을 금지하거나 밥을 굶게 하지도 않으셨고, 방에서 나오지 말라고 하지도 않으셨다. 단지 나를 앉혀 놓고 왜 그런 잘못을 했는지 차분하게 물으셨다. 그리고 내가 선생님에게 무례한

행동을 했다는 것을 깨우쳐주셨다.

잘못을 인정하는 것은 큰 문제가 아니었다. 그러나 부모님이 내게 요구하신 일은 큰 문제였다. 나는 반 학생들 앞에서 칼슨 선생님에게 용서를 구하고 학생들에게도 사과해야 했다. 아버지는 내가 원하면 같이 가주겠다고 하셨다. 나는 혼자 할 수 있다고 대답했다. 굉장히 부끄러운 경험이었다. 그렇지만 내 행동에 책임져야 한다는 것을 배운 좋은 기회였다.

그런데 뜻밖의 선물을 받았다. 같은 축구 팀의 두 아이가, 내가 사과하는 모습을 보고 정말 용기 있는 행동이라고 칭찬했다. 그 뒤로 우리는 친구가 되었다.

아이를 있는 모습 그대로 용납하면 아이는 안정감을 느낀다

"조시, 우리 아이들은 내 말을 들으려 하지 않아요."

어떤 아빠가 고개를 살며시 저으며 말했다.

"나는 아이들에게 화를 내지 않아요. 아이들이 잘되길 바라는 마음으로 각자 자기 행동에 책임져야 한다는 것을 알아듣게 설명해 줘요. 하지만 아이들은 귀담아듣지 않는 것 같아요. 어떻게 해야 하죠?"

이 아빠처럼 아이에게 책임을 묻는 것부터 시작하는 아빠가 많다. 마치 규칙을 지키는 일이 착수 단계인 것처럼 보인다. 규칙을 강조하고, 지침을 내리며, 책임 묻는 일을 아주 중요하게 여기는 것 같다. 실은 책임을 묻기 전에 용납의 기초부터 쌓아야 한다. 용납은 관계의 토대다. 책임감을 가르치는 교육은 반드시 용납의 관계 안에서 이루어져야 한다.

아이는 큰 잘못이나 실수를 저질러도 아빠가 자신을 사랑한다는 것을 감정적으로 느끼고 알아야 용납을 느낀다. 그리고 아빠의 용납을 깨달으면 안정감을 느낀다. 아이는 아빠가 자기를 소중히 여긴다는 것과 성과에 상관없이 아빠의 태도는 변함없다는 것을 알게 된다. 아빠의 용납은 한결같기 때문에, 아이는 아빠에게 안전하게 보호받고 있음을 느낀다. 아빠들은 대부분 그런 아빠가 되기 위해 노력한다고 말할 것이고, 그런 아빠라고 자부할 것이다. 그러나 사실 많은 아빠가 아이의 성과에 기초해 조건적으로 아이를 용납한다.

즉, 아이는 '착해야'(바르게 행동해야) 아빠의 용납을 받을 수 있다. 아이가 실수하고 잘못하고 반항하고 떼쓰면, 적어도 잠깐 아빠의 용납은 사라진다. 아빠가 자신도 모르게 아주 미세하게 차갑게 대하면 아이는 금방 알아차린다. 아빠가 성과에 상관없이 아이를 용납하려면 성과가 아닌 아이에 집중해야 한다.

케이티는 여섯 살 어린 나이인데도 축구를 아주 잘했다. 그해 시즌의 어떤 중요한 시합 전에, 가볍게 몸을 푼 케이티는 관중석으로 달려왔다.

"아빠, 내가 골을 넣으면 1달러 주실 거예요?"

"물론이지."

나는 웃으면서 대답했다.

"야, 신난다!"

케이티가 말했다. 여섯 살 아이에게 한 골에 1달러는 프로농구 다년계약처럼 들린다.

"잠깐."

나는 케이티가 돌아가기 전에 팔을 잡았다.

"골을 넣지 못해도 아빠가 1달러 줄게."

"정말?"

"정말."

"야, 신난다!"

케이티는 시합을 하러 달려가기 전에 다시 말했다.

"잠깐."

나는 케이티를 불렀다.

"아빠가 왜 그렇게 하는지 알아?"

여섯 살 난 내 딸은 멈춰 서서 돌아보았다. 나는 적어도 지난 3년 동안 꾸준히 내가 케이티를 무조건적으로 용납한다는 것을 일깨워왔지만, 그 아이는 그것을 잘 이해하지 못하는 것 같았다. 그러나 그때 케이티는 뒤돌아서서 나를 보고 말했다.

"그럼요, 내가 축구를 잘하든 못하든 상관없이 아빠가 날 사랑하니까요!"

그 순간 나는 세상을 전부 얻은 것처럼 기뻤다. 그 경기에서 케이티가 골을 넣었는지 어쨌는지도 기억나지 않는다. 상관없었다. 아빠의 사랑은 성과와 상관없다는 것을 케이티가 알았다는 것이 중요했다. 자녀는 성과와 상관없이 인간으로서 부모의 사랑을 받고 있다는 것을 알아야 한다.

✻ 어떻게 성과와 상관없이 용납할 수 있을까

성과와 상관없이 사람을 용납하기란 여간 어려운 일이 아니다. 나는 아버지들이 이렇게 말하는 것을 많이 들었다. "내가 무조건적으로 용납한다는 것을 아이가 느끼길 바라지만, 아이가 도무지 내가 받아들일 수 없게 생활하는 것을 보면 그러기가 쉽지 않아요."

아빠들은 인정과 용납을 혼동한다. 잘못된 행동과 그 행동을 하는 사람을 떼어 놓고 생각하지 못하는 것 같다. 잘못된 행동은 무조건적인 용납을 상쇄하는 것처럼 보인다. 그러나 행동과 상관없이 아빠가 진심으로 용납한다는 것을 아이에게 가르칠 수 있는 방법이 있다. 바로 하나님이 나를 용납하셨음을 이해하는 것이다.

하나님은 "악을 차마 보지 못하시며"(합 1:13) 거룩하신 분이다. 그러나 성경은 말한다. "우리가 아직 죄인 되었을 때에 그리스도께서 우리를 위하여 죽으심으로 하나님께서 우리에 대한 자기의 사랑을 확증하셨느니라"(롬 5:8). 하나님은 죄를 미워하시지만, 죄인인 우리를 아무 조건 없이 용납하신다. 우리가 그리스도의 속죄를 믿었기 때문에 하나님이 우리를 사랑하신 것도 아니고, 그리스도도 그렇기 때문에 자신을 희생한 것이 아님을 기억하라. 예수님은 "우리가 아직 죄인 되었을 때" 우리를 대신해 돌아가셨다.

인정할 수 없는 행동을 하는 사람을 용납하기란 보통 어려운 일이 아니다. 그러나 하나님이 그렇게 하신다는 것을 이해하면 우리는 그분을 본받을 수 있다. 알다시피 하나님을 괴롭히는 것은 인간의 죄다. 인간이 하나님을 괴롭히는 것이 아니다. 하나님은 인간과 행동을 떼어 놓고 생각하실 수 있다.

인간과 행동을 묶어서 다루는 것은 잘못이다. 하나님은 그렇게 하지 않으신다. 우리는 날 때부터 죄인이며, 하나님은 '악을 차마 보지 못하시며 패역을 차마 보지 못하시는 분'(합 1:13)이라는 것은 사실이다. 그러나 하나님은 우리를 용납하신다. 우리가 하나님의 형상대로 창조된 잃어버린 자녀기 때문이다. 하나님은 자신의 성품과 형상대로 창조한 인간의 '본질'과 죄악으로 오염된 '본성'을 구별하신다.

하나님이 용납하시는 것은 우리의 중심, 즉 하나님 같은 형상의 본질이다. 하나님이 용납하지 못하시는 것은 우리의 본성을 물들인 죄악이다. 죄악은 하나님과 우리 사이를 갈라놓는다. 성경은 "너희 죄악이 너희와 너희 하나님 사이를 갈라놓았고"(사 59:2)라고 말한다. 우리의 모습과 행동에는 분명한 구분이 있다. 그것이 없다면 하나님은 우리의 죄악을 떼어내 용서의 깊은 바다에 던져 넣지 못하실 것이다. 다윗 왕은 "동이 서에서 먼 것같이 우리의 죄과를 우리에게서 멀리 옮기셨으며"(시 103:12)라고 말했다. 이는 곧 '너희 죄는 영원의 저편으로 사라졌다'는 말과 같다. 하나님은 어떻게 그런 말씀을 하실 수 있을까? 성경은 이렇게 답한다. "아버지가 자식을 긍휼히 여김같이 여호와께서는 자기를 경외하는 자를 긍휼히 여기시나니"(시 103:13).

우리는 하나님의 사랑과 용납을 받는 잃어버린 자녀기에, 하나님은 자녀의 성과와 정체성을 혼동하지 않으신다. 하나님은 우리를 자신의 형상대로 창조하셨다. 그래서 우리에게 이렇게 행하신다. "우리를 불쌍히 여기셔서 우리의 죄악을 발로 밟으시고 우리의 모든 죄를 깊은 바다에 던지시리이다"(미 7:19).

자녀가 부모의 사랑 안에서 안정감을 느끼게 하려면, 우리도 자녀에게 이와 똑같이 할 수 있고 또 그렇게 해야 한다. 우리는 아이가 나쁜 행동을 했다는 것과 그 아이가 내 아들이나 딸이라는 것을 구분해야 한다. 물론 우리는 아이의 행동에 질색할 수 있다. 또 잘못된 행동으로 아이가 고통당할 수 있다는 것을 알면 슬프다. 그러나 아이는 여전히 내 자녀고, 그렇기에 아무런 조건 없이 용납해야 한다. 하나님은 당신과 나를 그렇게 용납하신다. 우리도 하나님의 능력으로 자녀를 용납할 수 있다.

사도 바울은 "그리스도께서 우리를 받아 하나님께 영광을 돌리심과 같이 너희도 서로 받으라"(롬 15:7)고 말한다. 예수님은 사람들이 먼저 믿어줄 때까지 용납을 미루지 않으셨다. 마치 잃어버렸다 다시 찾은 자녀처럼 무조건적으로 용납하셨다.

사마리아 여인의 이야기는 예수님의 무조건적인 용납을 분명하게 보여준다. 예수님이 우물가에서 만난 사마리아 여인은 사회적으로 삼진 아웃 판정을 받았다. 첫째, 사마리아 여인은 당시 문화에서 남자보다 열등한 여자의 신분이었다. 둘째, 그 여인은 유대인들이 천대하는 사마리아인이었다. 셋째, 같이 살고 있는 남자가 남편이 아닌 것으로 보아 생활이 문란했다. 여인은 예수님의 용납을 받고 깜짝 놀랐을 것이다. 유대인 남자가 자신을 용납한다는 사실에 의구심을 품었을 것이다. 여인은 예수님과 대화하면서 다음과 같이 생각했을지도 모른다.

- '나는 여자고 이 사람은 남자야. 내가 낯선 남자들은 쳐다보지도 않는 여자라는 것을 알 텐데 이 사람은 왜 나한테 말을 걸지?'
- '이 사람은 유대인이야. 유대인은 우리 사마리아인을 경멸하잖아. 이상한 사람인가?'
- '나는 간음한 여자야. 점잖은 남자라면 나 같은 여자와 대화하지 않아. 선지자처럼 보이는 남자는 더 그래. 대체 무슨 일이지?'

이 사마리아 여인은 예수님 같은 남자를 만나본 적이 없다. 예수님은 무척 다정하고 개방적이며 잘 용납하는 남자였다. 여인은 예수님이 자신을 용납할 이유가 없다는 것을 알았다. 사람들은 부도덕한 여자라는 이유로 여인을 배척했다. 분명히 여인은 외롭고 쓸쓸했을 것이다. 그럼에도 범상치 않은 이 남자는 여인을 기꺼이 용납했다.

예수님이 여인을 용납하셨다는 것은 간음을 묵인했음을 뜻하지 않는다. 예수님은 그렇게 하지 않으셨다. 그러나 여인을 실망의 빛으로 대하신 것도 아니다. 여전히 예수님은 하나님 아버지가 모든 인간에게 불어넣으신 아름다움과 가능성, 내면의 가치와 존엄을 보셨고, 여인을 있는 그대로 사랑하셨다. 예수님은 여인을 정죄하지도 않으셨다. 여인은 바르지 못한 예배를 드리고 있었지만, 진리를 가르칠 만큼 여인을 사랑하셨다. 또 예수님은 행동과 상관없이 여인을 용납하셨던 것도 분명하다. 여인은 말과 행동으로는 메시아의 용납과 존중, 환영을 받아낼 수 없었을 것이다. 예수님은 여인을 있는 그대로 용납하시고, 그녀에게 어떤 잠재력이 있는지 보여주셨다. 이것이 예수님이 보여주신 용납의 본질이다.[2]

당신이 그런 용납을 받는다면 안정감을 느끼지 않겠는가? 아이도 마찬가지다. 아이는 잘하든 못하든 아빠가 늘 자신을 사랑한다고 느낄 것이다. 아이가 그런 용납을 받으면 로마서 8장의 한 구절을 이렇게 바꾸어 인용할지도 모른다. "아무것도 나를 아빠의 사랑에서 끊을 수 없다고 확신해요."(38절, 용납받은 자녀 판 성경).

부모와 그런 사이가 되면 아이는 관심사, 고민, 의심, 두려움, 희망, 꿈 등에 대해 말한다. 아이를 있는 모습 그대로 용납하라. 아이가 안정감을 느끼고 부모에게 마음을 열 것이다. 부모가 책임감 있게 아이를 있는 모습 그대로 용납하는 것은 아이에게 안정감을 준다.

04

아버지의 두 번째 약속

자녀에 '대한' 책임이 아니라 자녀를 '위한' 책임을 다하겠다

압박이 계속되고 있었다. 원고 마감일이 코앞에 다가와 집필과 편집에 집중해야 했다. 벌써 30년 전 일인데 지금도 생생하게 기억난다. 책의 한 장(chapter)을 퇴고하고 있을 때 두 살 난 숀이 들어왔다.

"아빠, 같이 놀래요?"

숀은 들뜬 목소리로 물었다.

켈리를 기르면서 두 살 난 아이 다루는 법을 이미 터득한 '노련한' 아빠였던 나는, 숀이 아빠에게 원하는 것은 안아주거나 토닥여주고, 새로 산 공에 1-2분 정도 관심 가져주는 것뿐임을 알았어야 했다. 그러나 나는 중요한 부분을 퇴고하고 있었기에 1-2분이 아까운 처지였다.

“아들, 조금 이따 놀까? 아빠 지금 퇴고하고 있어요.”

숀은 퇴고가 무슨 말인지 몰랐지만 말뜻은 알아들었다. 아빠가 너무 바빠 숀은 방에서 나가야 한다는 뜻이었다. 숀은 군말 없이 서둘러 떠났고 나는 원고로 돌아갔다. 그러나 안도감은 오래가지 못했다. 곧 아내가 방으로 들어와 앉더니 잠시 이야기하자고 했다.

“여보, 숀이 아빠가 너무 바빠 같이 놀아주지 않는다고 말했어요. 이번 책이 중요한 건 알지만 할 말이 있어요.”

“뭔데?”

이제는 아내까지 나서서 내 중요한 일을 방해했기에 나는 조금 다그치듯이 물었다.

“조시, 당신에게 써야 할 글과 마감일은 앞으로도 항상 있다는 것을 알았으면 좋겠어요. 당신은 평생 연구하고 글을 써야 할 사람이에요. 하지만 당신 무릎에 앉아 모르는 것도 묻고 새로 산 공도 보여주고 싶은 두 살짜리 아들은 항상 있는 게 아니에요.”

“무슨 말을 하고 싶은지 알아. 당신 말이 옳아. 하지만 나는 지금 한 장을 마쳐야 해.”

“그래요, 조시. 하지만 생각해 봐요. 지금 우리가 아이들과 놀아주면 나중에는 아이들이 우리와 놀아줄 거예요.”

나는 아내의 말을 생각해 보았다. 그럴수록 아내의 상냥한 말은 비수처럼 더 날카롭게 내 심장을 찔렀다. 아내의 말이 옳았다. 내가 지켜야 할 마감일, 작성해야 할 계약서, 받아야 할 전화, 만나야 할 사람, 가야 할 출장 같은 것은 항상 있을 것이다. 그러나 우리 아이들은 항상 아이로 남아 있지 않는다. 세월은 금방 지나간다. 내년에는 아이들과 놀아줄 시간이 올해보다 더 많아질까?

행동을 고치지 않으면 어떻게 될지 뻔했다. 대단한 연설이나 팡파르 없이 나는 조용히 결심했다. 그 뒤로 나는 계약서, 마감일, 빨리 연락해 달라는 전화보다 아이들을 더 중요하게 여겼다. 30년 넘게 나는 누구보다 가족을 우선시하는 것에 최선을 다했다.

아이와 시간을 보내면 아이는 자부심을 느낀다

우리는 아이에게 예쁜 인형, 스마트폰, 비디오게임기, 새 옷 등 뭐든 줄 수 있지만, 아이에게는 부모의 시간보다 더 귀중한 것이 없다. 아이들은 사랑이라 쓰고 시간이라 읽는다. 부모가 늘 아이 곁에 있어주면 아이는 자부심을 느낀다.

당신이 당신 회사의 사장과 아주 가까운 사이라고 가정해 보자. 그는 당신의 상관이다. 어느 금요일, 당신은 선약을 하지 못한 채

급히 그를 만나야 했다. 그래서 그의 사무실로 찾아가 비서에게 그를 잠깐 만날 수 있는지 물었다. 비서는 "죄송합니다. 사장님은 다음 주 화요일까지 일정이 꽉 찼습니다. 나중에 다시 오세요."라고 말했다.

당신은 그를 당장 만나야 했기에 비서에게 말했다. "저, 잠깐이면 됩니다. 사장님께 제가 찾아왔다고만 전해 주세요. 정말 잠깐이면 됩니다." 비서는 사장에게 그 말을 전했다. 비서가 당신의 이름을 밝혔지만 사장은 "그 친구한테 무슨 일인지 이메일로 보내라고 해요. 그리고 지금은 너무 바빠 만날 시간이 없으니 다음 주 화요일에 약속을 잡아줘요."라고 대답했다.

자, 당신은 기분이 어떨 것 같은가? 물론 당신은 사장이 급히 처리해야 할 일이 있고, 그날 할 수 있는 일의 양은 정해져 있다는 것을 이해한다. 그래도 조금은 섭섭하고, '나는 사장님이 만나고 싶어할 만큼 중요한 사람이 아닌 게 분명해.'라는 생각이 들 것이다.

우리가 아이에게 "미안해. 다음 주 화요일에 다시 와." 같은 말을 하면 아이도 그렇게 느낀다. 당신이 시간과 노력을 들이지 않으면 아이는 자부심을 느끼지 못한다. 아이에게 필요한 것은 당신의 시간이다.

아빠가 아이와 함께 시간을 보내야 하는 것은 맞지만 그것만이 능사는 아니다. 중요한 것은 아이와 놀거나 아이를 데리고 다니는 것이 아니다. 아이의 세계로 들어가 아이의 모습과 생활에 관심을 갖는 것이다.

아이와 시간을 보내도 아무 소용없다고 나를 붙잡고 탄식하던 아빠가 있었다.

"종일 얼굴을 찡그리고 있어요. 아들은 전혀 재미를 느끼지 못하는 것 같아요."

"아들과 무엇을 했나요?"

"골프장에 데리고 갔어요."

"아들이 골프를 좋아하나요?"

"아니요. 싫어해요. 하지만 나는 좋아합니다."

자녀와 같이 어울린다는 것은, 아이의 생활에 의미 있는 존재가 되어주고, 아이의 세계에 관심을 가진다는 뜻이다. 아이와 같이 있을 때마다 그렇게 할 필요는 없지만, 당신이 아이의 세계에 동화될수록 아이는 당신에게 더 친밀감을 느낀다.

간혹 이렇게 말하는 아빠들이 있다. "조시, 나는 너무 바빠 자녀와 보내는 시간의 '양'은 부족하지만 '질'을 높이는 데 최선을 다합니다." 오늘날의 최대 신화는 '시간의 질'이라는 신화다. 물론 우리는 자녀와 질적으로 좋은 시간을 보내고 싶어한다. 그러나 선약이나 빽빽한 일정으로는 시간의 질을 높이지 못한다. 그런 순간은 아이와 보내는 시간이 아주 많아야 얻을 수 있다. 양이 질을 담보한다. 우리는 어느 것도 놓쳐서는 안 된다!

우리에게 피해를 주는 신화가 하나 더 있다. '이벤트가 중요하다'는 신화다. 혹자는 그것을 '놀이공원 가는 날'이라고 부를 것이다. 이는 하루 또는 일주일 내내 돈이 많이 드는 이벤트성 여행을 말한다. 놀이동산이나 영화관, 동물원, 스키장 같은 것이 그런 '이벤트'에 해당한다. 아이들에게 이벤트를 선사하는 것이 중요하다고 믿던 시절, 나는 늘 아이들이 재미를 느낄 수 있는 곳으로만 데리고 다녔다. 급기야 아내가 조용히 예리한 말로 나를 일깨웠다.

"여보, 아이들이 기억하는 건 이벤트가 아니에요. 아이들을 자라게 하는 꾸준한 작은 순간들이에요. 아이들은 그런 순간들을 기억할 거예요."

아내의 말이 옳았다. 가끔은 아이를 데리고 놀이동산에도 가보라. 이벤트는 필요하다. 그러나 그것이 아이와 꾸준히 공유하는 작은 순간들을 대체할 수는 없다. 최선을 다해 책임감을 가지고 아이와 같이 시간을 보내면 아이는 자부심을 느낀다.

아이를 칭찬하면 아이는 자긍심을 느낀다

아무 조건 없이 아이를 용납하는 것은 든든한 관계의 기초다. 그리고 칭찬은 아이의 자긍심을 길러주는 데 반드시 필요하다.

아이를 무조건적으로 용납하는 것이 아이의 '존재'를 중요하게 여긴다는 표현이라면, 칭찬은 '행동'도 중요하게 여긴다는 표현이다. 아이는 칭찬을 들으면 자신을 쓸모 있는 존재로 여기게 되고, 아빠가 자신의 성취를 기뻐한다는 것을 알게 된다. 칭찬은 아이에게 "나는 아빠에게 가치 있는 존재야! 아빠는 나를 좋아하고 자랑스러워 해!"라는 뜻이다.

칭찬은 전적으로 성경이 가르치는 원리다. 예수님이 세례받으실 때 하늘 아버지는 이렇게 말씀하셨다. "이는 내 사랑하는 아들이요 내 기뻐하는 자라"(마 3:17). 하늘 아버지가 하신 것이 무엇인가? 그분은 자신의 아들에게, 또 자신의 아들을 위해 칭찬하셨다. 성부 하나님이 세상 앞에서 성자를 칭찬하셨다면 우리도 마땅히 가정 안팎에서 아들과 딸을 칭찬해야 한다.

불행히도 칭찬을 듣지 못하고 자라는 아이들이 아주 많다. 결국 그런 아이는 칭찬을 들으면 상대에게 다른 속셈은 없는지 의심한다. 아이를 칭찬하는 연습을 해보라. 아이에게 이렇게 말해 보라.

"아빠가 할 말이 있어."

아이는 "예, 무슨 일 있으세요?" 하고 물을 것이다.

그러면 "아니, 아빠가 칭찬하고 싶어서!"라고 말한 뒤에 무슨 일로 칭찬하는지 설명해 주라. 아이를 칭찬할수록 잘못을 꾸짖고 징계할 일은 더 줄어든다. 칭찬이 올바른 행동을 더 많이 하도록 자극하기 때문이다.

초기에 나는 아이들의 잘못을 잡아내 야단치는 아빠였다. 나는 아빠로서 아이들의 모든 잘못을 바로잡을 절대적인 책임이 있다고 생각했다. 예를 들어, 켈리가 전 과목에서 우수한 성적을 받았다는 말을 들었을 때는 일하느라 "잘했어!" 하고 칭찬할 생각을 하지 못했다. 저녁이 되면 그 사실을 잊어버릴 수도 있었다. 그러나 켈리가 동생을 때렸다는 말을 들으면 화를 내며 "이 녀석, 당장 이리 와! 아빠가 할 말이 있어!"라며 야단쳤다.

당시에 내가 아이들의 부정적인 행동에 집중했던 사례는 셀 수 없이 많다. 나는 내가 아이들에게 전혀 가르치고 싶지 않은 것을 가르치고 있다는 것을 몰랐다. 그것은 곧 "아빠의 관심을 가장 빨리 받고 싶으면 잘못된 행동을 하면 돼."라는 것이었다. 지금 나는 전국을 다니면서 청소년들을 만나고 있는데, 20명 중 15명은 집에서 정확히 그런 가르침을 받고 있다고 말한다. 그 아이들은 나쁜 행동을 했을 때 아빠나 어른들의 관심을 훨씬 더 빨리 받고 있다.

1980년대 중반쯤 큰아이가 아직 열한 살이 되지 않았을 때, 하나님은 『1분 매니저』(*The One Minute Manager*, 청림출판)라는 책을 통해 내게 말씀하셨다. 그 책에서 저자 케네스 블랜차드(Kenneth Blanchard)와 스펜서 존슨(Spencer Johnson)은, 경영자가 직원들을 칭찬하고 노고를 치하하면 그들의 목표 수립과 성취를 도울 수 있다고 주장한다. 자녀양육법에도 쉽게 적용할 수 있는 원리였다. 나는 아이의 잘못을 잡아내 바로잡는 것을 아빠의 역할로 보는 대신 아이들에게 다르게 접근하는 방법을 배웠다. 내 새로운 좌우명은 '칭찬할 일을 찾아 칭찬한다'였다. 아이들의 잘못을 바로잡지 않겠다는 생각은 하지 않았다. 잘못을 잡아내는 것보다 칭찬할 일 찾아내는 것을 훨씬 더 많이 하겠다고 다짐했을 뿐이다.

이처럼 간단한 말이 어떤 개념이나 원리에 생명을 불어넣는다는 것이 신기했다. 나는 아이들을 온전히 용납하는 데는 힘을 다했지만 칭찬하는 데는 서툴렀다. 내 마음의 한쪽은 아이들을 용납하려고 힘쓰는 반면, 다른 쪽은 잘못을 바로잡으려 애썼다. 정신분열증이 생긴 것이 아닌지 자신을 의심할 정도였다! 그러나 주안점을 바꾸자 모든 것이 변했다.

나는 아이들이 '잘못하는 일'에 집중하지 않고, 의식적으로 '잘하는 일'을 찾아냈다. 매일 한 아이마다 적어도 두 가지 이상 칭찬할 일을 찾아 확실히 칭찬하겠다는 새로운 목표도 세웠다.

우리 아이들은 하루아침에 생긴 변화를 느끼지 못했겠지만 나는 알 수 있었다. 내 관점은 완전히 바뀌었다. 나는 켈리가 공부하고 있으면 "큰딸, 공부하는 모습이 보기 좋아." 하고 칭찬했다. 숀이 쓰레기 버리는 것을 보면 "숀, 쓰레기 버려줘서 고마워."라고 칭찬했고, 케이티가 장난감을 치우고 있으면 "케이티가 장난감 치우는 걸 보니 아빠가 정말 기쁘네."라고 칭찬했다. 헤더가 엄마와 함께 청소하고 있으면 "헤더가 엄마를 잘 도와주네. 엄마를 도와줘서 고마워." 하고 칭찬해 주었다.

이렇게 한번 해보라. 식구들을 한곳에 모으고 칭찬하는 시간을 가지라. 적어도 한 가지 이상 아이를 칭찬해 주라. 이런 연습을 해보면 자녀가 얼마나 고마운 존재인지 알게 되고, 알맞은 때에 칭찬하는 습관을 들일 수 있다. 문제는 아이에게서 칭찬할 점을 발견하지 못하는 것이 아니라, 당신이 본 것을 아이에게 말하는 것, 즉 아이의 노력에 걸맞는 정직한 칭찬을 하도록 훈련하는 것이다.

이런 이야기를 하면 아직도 내가 과거에 사용하던 자녀양육법으로 아이를 기르는 아빠들은 말한다. "글쎄요, 아이에게는 당연히 해야 할 일이 있습니다. 쓰레기 버리는 것은 당연한 일인데 왜 칭찬해야 합니까?" 그러면 나는 이렇게 되묻는다. "칭찬하지 못할 이유가 있습니까? 당신은 직장에서 칭찬을 들으면 기분이 어떻습니까?" 누구나 직장 상사에게 "이번 일 잘 처리했어요."라는 말을 듣고 싶어한다. 마찬가지로 당신의 자녀도 당연히 해야 하는 간단한 일을 하더라도 칭찬받고 싶어한다. 예를 들면 아이에게 이런 말을 해줄 수 있다.

- "제 시간에 숙제를 다 해줘서 고마워."
- "식사 후에 접시를 싱크대에 두면 고맙겠어."
- "부탁한 것도 아닌데 차를 차고에 넣어줘서 고마워."
- "친구들과 같이 놀고 싶었을 텐데 동생과 놀아줘서 고마워."
- "잔디를 깎아줘서 고마워. 잘 깎았더라."

자녀에게 칭찬을 아끼지 말라는 당부에는 주의할 점도 있다. 아이가 부모의 용납을 절대적으로 신뢰하지 않으면, 칭찬은 아이를 조종하는 수단으로 전락한다. 용납받지 못하는 아이가 칭찬을 들으면 '내가 잘하면 … 좋은 성적을 받으면 … 골을 넣으면 … 아빠의 사랑을 받을 수 있어.'라고 생각하게 되면서 성과를 내기 위해 노력하게 된다. 그리고 성과에 목매는 아이는 잘못된 죄책감을 느낀다.

따라서 부모는 먼저 아이를 확실히 용납한 뒤에 칭찬해야 한다. 예를 들어, 아이가 성적표를 가지고 오면 같이 앉아 아이가 성취한 것에 대해 이야기한다. 이때 아이가 좋은 성적을 받기 위해 노력한 점을 칭찬하더라도, '좋은 성적을 받지 못했어도 똑같이 사랑하고 용납한다'는 사실을 언제나 알고 있기 바란다는 마음을 확실히 심어주어야 한다.

여기에는 분명히 아슬아슬한 경계가 있다. 그러나 아이에 대한 용납의 토대 위에 칭찬을 쌓으면 그 경계를 벗어나지 않을 수 있다. 든든한 안정감과 용납을 확실히 느끼게 해주어야, 아이는 성공하든 실패하든 부모가 자기를 사랑한다는 것을 알게 된다. 즉, 아이가 성취한 것보다 노력한 것을 더 칭찬하고, 노력한 것보다 하나님의 자녀라는 존재 가치를 더 인정해 주라. 최선을 다해 책임감을 가지고 아이를 칭찬하면 아이는 자긍심을 느낀다.

아이를 인정하면 아이는 자신감을 갖는다

상대를 긍정적으로 대한다는 것은 그를 인정하거나 그의 기분에 공감한다는 뜻이다. 부모가 아이의 기분에 공감하면, 아이는 자신이 건강한 감정의 인격체라는 것을 알게 된다. 또 부모가 아이의 기쁨이나 실망을 있는 그대로 인정하면, 아이는 부모가 자신을 진정한 하나의 인간으로 대하고 있음을 깨닫는다.

아이가 화를 내면 당신은 어떻게 하는가? 당장 달려들어 "건방지게 어디서 화를 내!" 하며 꾸짖는 부모가 있을지도 모른다. 또는 아이가 즐거운 일이 생겨 들떠 소리를 지르면, 아이의 기쁨에 공감하기보다 너무 시끄럽고 경박하다고 느끼는 부모가 있을지도 모른다. 그러나 아이의 느낌을 인정하는 아빠가 아이를 이해하고 인격적으로 대하는 아빠다.

"조시, 잠깐만요. 하지만 아이가 제 기분을 아무한테나 풀게 하면 안 됩니다. 불쾌하게 느낄 사람도 있으니까요."라고 반박하고 싶은 아빠도 있을 것이다. 나도 동의한다. 그러나 이 말은 아이의 기분을 인정하라는 것이지 제 마음대로 기분을 풀게 허용하라는 뜻이 아니다. 거기에는 큰 차이가 있다. 순수한 감정은 좋거나 나쁘다고 할 수 없다. 그러나 감정을 표현하는 '방법'은 좋거나 나쁘다고 말할 수 있다. 사도 바울은 "분을 내어도 죄를 짓지 말며"(엡 4:26)라고 말한다. 그는 화내는 것이 죄라고는 하지 않지만, 화를 잘못된 방법으로 표출하지 말라고 경고한다. 아이에게도 아이의 느낌을 인정하되, 그 감정을 잘못된 방법으로 표출할 때는 바로잡아야 한다.

그렇다면 아이가 부모에게 이해받고 있다는 것을 느낄 수 있게 아이의 감정을 인정하는 방법은 무엇일까? 롤러코스터 같은 아이의 감정에 공감하는 방법은 무엇일까? 성경은 "즐거워하는 자들과 함께 즐거워하고 우는 자들과 함께 울라"(롬 12:15)고 가르친다.

로마서 12장의 가르침은 간단하기 이를 데 없지만 실천하기 쉬운 일은 아니다. 부모는 아이의 감정을 인정하기 전에 아이의 행동을 바로잡거나 문제를 고쳐주고 싶은 유혹을 종종 받는다. 그 유혹을 물리치라. 행동을 바로잡기 전에 아이의 감정에 공감하고 그것을 인정해 주라. 아들이 스포츠 팀에 들어가면 자기 일처럼 같이 기뻐하라. 딸이 친구를 잃고 실망하면 자신의 일처럼 같이 실망하라. 친구가 퍼뜨린 황당한 소문 때문에 딸이 화를 내면, 딸이 상처를 받아 당신도 무척 마음 아프다고 말하라. 그러면 아이는 인격적으로 이해받는다는 느낌을 갖는다. 그리고 부모와 자녀의 유대가 돈독해진다.

간단하게 보이지만 나는 이 가르침을 따르기가 무척 어려웠다. 그래서 노력을 많이 해야 했다. 당신도 그래야 할지 모른다. 다음과 같은 상황을 생각해 보자.

- 고등학교 2학년 아들이 저녁에 차를 타고 외출했다 돌아와서는 접촉사고로 차가 부서졌다고 고백한다. 당신은 어떻게 반응하겠는가?
- 평소 B플러스 성적을 받는 중학교 2학년 딸이 보여준 성적표에 C 네 개와 D 하나가 있다. 당신은 딸에게 무슨 말을 하겠는가?
- 고등학교 배구부 선수인 딸에게서 전화가 왔다. 딸은 울먹이며 자기를 싫어하는 코치가 팀에서 내쫓았다고 말한다. 당신은 무슨 말부터 하겠는가?

- 집에 돌아온 아들의 얼굴이 상처투성이다. 아들은 학교에서 싸웠다고 말한다. 당신은 아들을 어떻게 하겠는가?

자녀를 기르는 집에서는 이 같은 힘든 상황이 수없이 발생한다. 아이들은 실수하고, 어려움에 빠지며, 다친다. 말썽을 일으키고, 다른 아이들이나 심지어 어른들에게 피해를 입기도 한다. 생명을 위협하는 질병이나 부상, 부모의 이혼, 친구나 친지의 죽음같이 때로 진짜 위기가 닥치기도 하지만, 비교적 대수롭지 않고 일상에서 흔히 느끼는 좌절과 상실, 갈등, 상처 같은 것이 대부분이다.

당신은 일상적인 문제에서 아이를 어떻게 대하는가? 이것은 매우 중요한 물음이다. 당신이 처음 보이는 반응이 규칙을 가르치거나 행동을 바로잡는 것 또는 문제를 고치는 것이라면, 분명히 아이는 부모가 자기를 이해하지 못한다고 느낄 것이다. 가장 좋은 반응은 아이와 공감하고 같이 아파하는 것이다.

나는 로마서 12장 15절의 가르침을 처음 이해한 날을 기억한다. 아내에게 어떤 일이 생겼을 때였다. 그전까지는 아내가 무슨 고민을 털어놓을 때, 특히 그 고민이 아내의 마음을 상하게 하는 일이라면 나는 단지 그 문제를 해결하려고만 했다. 즉, 아내의 아픔에 초점을 맞추지 못하고 아내를 아프게 한 '문제'에 집중했다.

하루는 아내가 학교 모임에 갔다가 엄마들이 우리 아이에 대해

하는 이야기를 듣고 잔뜩 속이 상해 집으로 돌아왔다. 예전 같았으면 아내가 그런 문제를 꺼내면 대뜸 "여보, 그런 일에 마음 쓰지 마. 그럴 때는 이렇게 해."라고 말한 다음 해결책을 제시했을 것이다. 그것은 문제는 해결했을지 모르지만, 그 순간 아내가 느끼는 아픔은 해결하지 못했다. 그러나 그날 나는 마침내 제대로 해냈다. 나는 그저 아내의 어깨를 감싸고 "여보, 그런 이야기를 듣게 해서 미안해. 나도 속상해." 하고 말했다. 그것뿐이었다. 나는 해결책이나 개선책을 제시하지 않았고, 아내의 아픔에 마음 깊이 공감하기만 했다.

놀랍게도 효과가 있었다. 아내는 이해와 인정을 받았다고 느꼈다. 그 순간 아내에게 필요한 것은 그것이 전부였다. 며칠 뒤 아내는 우리 식구를 비판하는 그런 말을 듣고 어떻게 하는 것이 좋겠는지 내 의견을 물었다. 내 해결책이 환영받는 순간이었다.

우리가 아이나 아내가 느끼는 감정을 정확히 이해해야 긍정적으로 대할 수 있는 것은 아니다. 상대가 겪는 아픔을 충분히 이해할 수 없어도 긍정적으로 대할 수 있다. 사실 상대의 아픔을 같이 아파하기는커녕 그 아픔을 '이해한다'는 티를 내면 역효과를 낳는다.

내 친구는 이 사실을 힘들게 배웠다. 한번은 친구의 아내가 아주 우울한 상태였을 때 친구가 아내를 위로한답시고 "여보, 당신 기분이 어떤지 알아."라고 말했다. 그러자 그의 아내는 화를 내면서 쏘아붙였다. "아니, 당신은 몰라요! 어떻게 감히 당신이 내 기분을 안다고 말할 수 있어요?" 친구는 말문이 막혔지만 아내의 말이 옳았다. 꼭 상대의 아픔을 속속들이 알아야 그 아픔을 나눌 수 있는 것은 아니다. 우리가 타인의 고유한 경험, 특히 아이의 고유한 경험을 늘 공유할 수는 없다. 아이를 긍정적으로 대한다는 말은, 아이가 아프다는 것을 알기에 같이 아파한다는 뜻이다. 즉, 사랑하는 사람의 아픔을 공감한다는 것을 의미한다. 친구는 아내에게 "여보, 힘들지? 당신이 힘드니까 나도 속상해."라고 말했어야 했다.

우리는 아이의 기분을 정확하게 이해한다는 거짓 인상을 주지 않고도 아이의 어려움과 아픔에 공감할 수 있다. 아이가 힘들어하고 아파할 때 이렇게 말하라. "얘야, 정말 힘들지? 아빠도 속상해. 아빠가 늘 네 곁에 있을게." 아이는 아빠의 위로뿐 아니라 하나님의 위로도 느낄 것이다. 바울은 우리에게 하나님은 "자비의 아버지시요 모든 위로의 하나님이시며 우리의 모든 환난 중에서 우리를 위로하사 우리로 하여금 하나님께 받는 위로로써 모든 환난 중에 있는 자들을 능히 위로하게 하시는 이시로다"(고후 1:3-4)라고 말한다. 우리가 로마서 12장에 기록된 "우는 자들과 함께 울라"는 하나님의 가르침을 따를 때 위로가 그들에게 임한다.

물론 로마서 12장 15절의 첫 부분인 "즐거워하는 자들과 함께 즐거워하고"라는 가르침만 따라도, 우리는 아이에게 긍정적으로 대함으로 자신감을 심어줄 수 있다. 아이에게 신나는 일이 생기면 함께 기뻐하면서 "아빠도 정말 기분 좋아!" "굉장하다!" "이런 일이 생겨 아빠도 신나!" "충분히 기뻐할 만한 일이야. 나도 기뻐!"라고 말해 주라. 아이의 감정에 긍정한다는 것을 행동으로 보여줄 수도 있다. 흥을 돋우려면 때로 축하와 선물이 필요하다. 그러나 사치를 부릴 필요는 없다. 아이와 함께 점심이나 저녁 또는 아이스크림을 먹으러 가라. 아이에게 새 음반을 선물하라. 특별한 권리를 허락하거나 격려의 문자를 보내라. 아이만큼 기쁘지는 않겠지만 부모가 같이 기뻐하면 아이는 인정받는다고 느끼고, 사랑의 관계는 견고해진다.

아빠가 자녀에 '대한' 책임이 아니라 자녀를 '위한' 책임을 다하기로 약속하는 것은 무척 중요하다.

- 아이를 있는 모습 그대로 인정하면 아이는 안정감을 느낀다.
- 아이와 어울리고 아이의 세계로 들어가면 아이는 자부심을 느낀다.
- 아이를 칭찬하면 아이는 자긍심을 느낀다.
- 아이의 기쁨과 슬픔에 공감하고 긍정적으로 대하면 아이는 자신감을 느낀다.
- 자신의 행동에 책임져야 한다고 가르치면 아이는 책임감을 기른다.

05

아버지의 세 번째 약속

정직한 모범을 보이겠다

한 남자가 갓길에 차를 세웠다. 그러고는 차 밖으로 나가, 트랙터를 운전하며 일하는 농부를 불렀다.

"실례합니다. 혹시 도버 가는 길 아세요?"

"그럼요. 여기서 6킬로미터만 더 가면 돼요. 이 길로 1.6킬로미터쯤 가면 사거리가 나와요. 좌회전해서 죽 가면 도버예요."

남자는 고맙다고 말한 뒤 다시 차에 탔다. 사거리에 이르자 그는 우회전했다. 옆에 있던 부인이 말했다.

"여보, 농부 아저씨가 좌회전하라고 했잖아요. 당신 방금 우회전했어요."

"나도 알아. 하지만 그 농부가 좌회전하라고 말할 때 손은 오른

쪽을 가리킨 거 봤어? 말과 몸짓이 다를 때는 몸짓이 더 정확한 법이야."

두 사람은 우회전해 도버로 직행했다.

옛날이야기지만 요점은 분명하다. 부모는 아이에게 바르게 행동하고 사고하는 법을 말로 가르치지만, 아이가 실제로 보고 배우는 것은 부모의 말이 아니라 삶이다.

백문이 불여일견

아이들은 어떤 효과가 있어야 진짜라고 말하는 문화에서 자란다. 그것은 잘못된 생각이다. 옳은 것이 진짜기 때문이다. 그러나 이 세대는 무엇을 받아들이기 전에 먼저 효과가 있는지 알고 싶어 한다. 아이들은 눈에 보여야 믿는다.

우리는 아이에게 모범을 보임으로 이 세태를 유리하게 활용할 수 있다. 부모가 신실하고 정직하고 자비롭고 상대를 존중하고 공평하고 정의롭고 동정심 있고 자제하는 모습을 보이면, 아이는 그런 가치관을 더 잘 받아들인다. 아이에게 모범을 보이는 것은 중요하지만, '진실한' 모범을 보이는 것이 더 중요하다. 솔직히 우리는 아무도 완벽하지 않기 때문이다. 그러나 누구나 진실할 수는 있다.

"어디로 가서 먹을래?"

내가 묻자 아이들은 동시에 자기가 좋아하는 패스트푸드식당의 이름을 외쳤다. 의견은 만장일치에 가까웠다. 켈리만 빼고 모두 같은 식당을 골랐다. 모두 차에 올라 출발하려는 순간 켈리가 퉁명스럽게 말했다.

"그 쓰레기통 같은 식당에 다시 가고 싶지 않아!"

나는 곧장 "켈리, 말하는 태도가 아빠 마음에 들지 않아." 하고 말했다. 또 자기가 싫어한다는 이유로 동생들이 가고 싶어하는 식당에 대해 함부로 말하는 것은 무례하다고 따끔하게 가르쳤다. 그러나 켈리가 그 식당이 싫은 이유를 다시 공손하게 말했기 때문에 우리는 타협점을 찾았다. 숀과 케이티, 헤더는 그 '못마땅한' 식당에 내려주고, 아내와 나는 켈리를 데리고 켈리가 가고 싶은 식당으로 가기로 했다. 나는 패스트푸드식당 앞에 세 아이를 내려주면서 말했다.

"구역질나는 식당에 갈 사람 다 내려라."

세 아이는 내 비꼬는 말을 듣지도 않았다. 신이 난 아이들은 감자튀김과 햄버거를 먹을 생각뿐이었다. 내가 다시 출발하자 켈리가 말했다.

"아빠, 나한테는 무례하다고 했던 말을 아빠도 방금 했어요. 여기를 쓰레기통이라고 부르는 거나 구역질나는 식당이라고 부르는 거나 뭐가 달라요?"

나는 켈리에게 "큰 차이가 있지. 나는 아빠고 너는 아이야. 나는 가르치는 사람이고 너는 배우는 사람이지."라고 말할 수 있었다. 그러나 나는 그렇게 말하지 않았다. 켈리는 정곡을 찔렀고, 나는 대꾸할 말이 없었다. 우리는 저녁을 먹으러 가는 길이었지만, 나는 벌써 내가 내뱉은 말을 애피타이저로 곱씹어야 했다. 나는 침을 꿀꺽 삼킨 뒤 내가 일관성 없고 위선적이었다는 것을 지적해 주어 고맙다고 말했다. 켈리에게 어떻게 하라고 가르치고서는 정작 나는 다르게 행동했던 것이다. 나는 켈리에게 사과했다.

나는 완벽한 모범은 아니지만 진실했다. 아빠가 자녀에게 좋은 모범을 보여야 한다는 것은 사실이다. 그러나 아빠도 인간이고 실수할 수 있다는 것이 현실이다. 부모는 자신의 단점이 드러날 때 겸손한 자세로 사과해야 한다. 그래야 진실한 모범을 보일 수 있다. 그러면 아이도 행실을 고치는 법을 배울 수 있다.

누가 누구를 가르치나

어떤 사람은 부모가 아이에게 잘못을 고백하면 약점을 잡힌다고 말한다. 또 아이에게 부모의 잘못을 '바로잡게' 허락하면, 아이가 부모를 공경하지 않을 것이라고도 한다. 자녀에게 존경을 요구하는 독재자 형 부모들이 주로 그렇게 생각한다. 나는 내가 아이들을 많이 존중하고 아이들의 통찰에서 도움 받는다는 것을 먼저 보여줌으로, 아이들에게 존경받는 것을 더 좋아한다.

부모들이 아이에게 약한 모습을 보여주면 안 된다고 느끼는 또 다른 이유는 리더십을 잘못 알고 있기 때문이다. 하나님이 아버지를 '가정의 최고경영자' '가족의 절대군주' '성주'로 임명했다고 여기는 사람들이 있다. 그들은 아빠를 모범적인 선생으로, 아이를 순종적인 학생으로 여긴다. 심지어 어떤 경우는 아내조차도 순종적인 학생으로 생각한다.

그러나 예수님은 제자들에게 진정한 리더십이 어떤 것인지 분명하게 가르쳐주셨다. 제자들 역시 뭔가의 '머리'가 되거나 사람들에게 '권위'를 행사하는 것에 대해 잘못된 개념을 가지고 있었다. 나쁜 리더십과 좋은 리더십에 대한 예수님의 설명을 들어보자.

> 이방인의 임금들은 그들을 주관하며 그 집권자들은 은인이라 칭함을 받으나 너희는 그렇지 않을지니 너희 중에 큰 자는 젊은 자와 같고 다스리는 자는 섬기는 자와 같을지니라 앉아서 먹는 자가 크냐 섬기는 자가 크냐 앉아서 먹는 자가 아니냐 그러나 나는 섬기는 자로 너희 중에 있노라 (눅 22:25-27)

예수님은 권위와 리더십에 대한 전혀 새로운 개념을 밝혀주셨다. 사람들은 지도자와 권위자에게 복종하고 그들을 섬겨야 한다고 생각했다. 그러나 예수님은 도리어 지도자가 섬겨야 한다고 말씀하셨다. 예수님은 교회를 위한 죽음을 앞두고 유월절 만찬을 나누는 자리에서, 지도자의 모습에 대한 혁명적인 개념을 가르치셨다. 요한은 예수님이 식사 자리에서 일어나 하인처럼 제자들의 발을 씻기셨다고 기록한다. 예수님은 발을 다 씻기신 뒤 말씀하셨다. "내가 너희에게 행한 것을 너희가 아느냐 너희가 나를 선생이라 또는 주라 하니 너희 말이 옳도다 내가 그러하다 내가 주와 또는 선생이 되어 너희 발을 씻었으니 너희도 서로 발을 씻어 주는 것이 옳으니라 내가 너희에게 행한 것같이 너희도 행하게 하려 하여 본을 보였노라"(요 13:12-15).

이 가르침을 자녀양육에 적용한다면 아빠는 권위를 어떻게 사용해야 할까? 예수님이 모범을 보이신 리더십을 실천하려면 아빠는 가족에게 봉사해야 한다. 그런데 예수님이 설명하신 권위 사용법을 이해하지 못하는 아빠가 많다. 리더십 개념이 뒤집혔기 때문이다. '섬기면서 어떻게 제대로 지도할 수 있지? 졸병 위치에서 어떻게 지시를 내리지?' 가족의 위계질서에 이런 리더십을 적용하려니 혼란이 생긴다. 그러나 아내를 비롯해 아이와의 친밀감을 높인다는 관점에서 보면 명쾌하게 이해할 수 있다.

아빠들이 최종적으로 바라는 것은 아이를 사랑하고, 아이가 자발적으로 아빠의 지도에 따르는 것이다. 당신은 아이가 부모를 따르고 책임감이 있기를 바란다. 당신이 하나님을 따르고 아이를 양육하는 데 책임을 다하는 모습을 보여주는 것보다 아이에게 책임감을 더 잘 가르칠 수 있는 방법이 있을까?

이런 생각이 너무 무모하게 보일지도 모른다. 그러나 아이에게 아빠의 잘못을 지적해 달라고 부탁하는 것보다 아이의 신뢰와 존경을 얻을 수 있는 더 좋은 방법은 없다.

나는 우선 아내에게 부탁했다. 아이들의 엄마, 연인, 가장 좋은 친구, 하나님의 특별한 선물, 나를 사랑하고 나와 같이 생활하는 아내보다 나를 더 존중하고 존경하는 사람은 없다. 나는 아내에게 말했다.

"여보, 내가 남편과 아빠 노릇을 잘할 수 있게 도와줘. 내가 집을 너무 많이 비우면 따끔하게 말해 주고, 당신과 아이들에게 소홀하다 싶으면 지적해 줘. 가족과 시간을 충분히 보내지 않을 때도 꼭 말해 주면 좋겠어."

"알았어요, 여보."

아내는 조금 망설이듯 말했다.

"그럴게요. 하지만 당신 기분이 조금 나쁠 때도 있을 거예요."

"여보, 혹시 내가 방어적으로 반응해도 말해 줘. 나는 사실을 사실대로 듣고 싶어."

나는 아내에게만 이것을 부탁하지 않았다. 켈리가 일곱 번째 생일을 맞았을 때 나는 축하카드에 이렇게 썼다.

> 켈리에게,
>
> 아빠는 켈리를 무척 사랑한단다. 켈리의 아빠인 게 얼마나 기쁜지 몰라. 하지만 있잖아, 올해는 아빠가 켈리의 도움이 필요해. 아빠는 일곱 살 난 딸을 한 번도 길러본 적이 없어. 좋은 아빠가 되도록 최선을 다할게. 아빠가 아빠 노릇을 잘못하고 있거나, 공평하지 못하고, 사랑하고 배려하지 못한다고 느끼면, 꼭 아빠에게 말해 줘.

숀의 일곱 번째 생일에도 나는 똑같은 카드를 보냈다. 실은 아이들에게 모두 똑같은 카드를 썼다. 케이티에게는 "푸른 눈빛과 금발머리의 일곱 살 난 딸의 아빠가 되어보기는 처음이야."라고 말했다. 헤더에게도 똑같이 말했다.

내가 식구들에게 그런 부탁을 한 뒤로 아내와 아이들은 내게 최고의 조언자가 되었다. 켈리와 숀은 내 제안을 적극적으로 받아들였다. 다른 두 아이는 여러 사안에서 자기 소신을 밝혔다.

한번은 숀과 함께 시내를 걷고 있는데 어떤 남자가 내게 말을 걸었다. 나는 그가 한 말을 듣고 짜증이 나 쌀쌀맞게 대했다. 그가 떠나자 숀이 말했다.

"아빠가 저 아저씨한테 조금 차갑게 대했어요. 그리 친절하지 않았어요."

나는 심장이 멎는 것 같았다. 아직 그 사람의 뒷모습이 보였다. 우리는 그를 뒤쫓아가 붙잡았다. 아들이 보는 앞에서 나는 그에게 무례했던 행동을 사과했다.

언젠가는 내가 여행에서 돌아오자 열 살 난 딸 케이티가 찾아와 단호하게 말했다.

"아빠는 불공평해요."

"그게 무슨 말이니?"

"아빠는 여행에서 돌아오면 언니, 오빠, 동생하고는 맛있는 거 먹으러 가면서 나는 데리고 가지 않아요."

"정말?"

"네."

케이티는 똑똑히 대답한 뒤 한 마디 덧붙였다.

"오늘 같이 점심 먹으러 가요."

아빠가 불공평하다고 느낄 때, 케이티가 그 사실을 자유롭게 말하는 모습을 보고 나는 무척 기뻤다. 나는 케이티를 충분히 보살피고 있다고 생각했지만 케이티의 생각은 달랐다. 나는 같이 점심을 먹자는 딸의 요청을 흔쾌히 받아들였다. 사실 케이티는 점심 먹는 것을 중요하게 여겼고, 나는 그 아이가 자라는 동안 자주 함께 점심을 먹었다.

가족에게 지적받는 것이 쉬운 일은 아니었다. 아내나 아이들에게 이용당한 적은 없지만, 그들은 '충고'에 인색하지도 않았다.

나는 가족의 비판이 괴로워 때로 방어적인 태도를 보이기도 했다. 그러나 내가 변명을 일삼으면 가족은 입을 다물었고, 나는 가족의 귀중한 통찰과 도움을 받을 수 없었다. 나는 가족의 도움 없이는 살 수 없었기에 자존심이 상해도 꾹 참는 법을 배웠다.

아빠에게도 약점이 있다는 사실을 정직하게 인정하면, 아이에게 확실한 모범을 보일 수 있다. 사도 바울은 진실한 모습을 보일 줄 아는 인물이었다. 그는 자랑할 만한 영적 경험을 여러 번 했다고 고린도의 그리스도인들에게 말했다. 그러나 이어서 "누가 나를 보는 바와 내게 듣는 바에 지나치게 생각할까 두려워하여 그만두노라"(고후 12:6)고 덧붙였다.

바울은 신자들에게 자신을 본받으라고 말하면서도, 그리스도를 본받는 삶의 기준을 낮추지 않았다. 실제로 바울은 신자들에게 "내가 그리스도를 본받는 자가 된 것같이 너희는 나를 본받는 자가 되라"(고전 11:1)고 말했다. 바울의 목표는 그리스도를 본받는 자로서 모범을 보이는 것이었다. 그러나 가면을 쓰거나 완벽한 지도자인 것처럼 행동하지 않았다. 바울은 진실했고 약점을 감추지 않았다.

다음 구절은 바울의 진실한 모습을 엿볼 수 있는 대목이다.

> 여러 계시를 받은 것이 지극히 크므로 너무 자만하지 않게 하시려고 내 육체에 가시 곧 사탄의 사자를 주셨으니 이는 나를 쳐서 너무 자만하지 않게 하려 하심이라 이것이 내게서 떠나가게 하기 위하여 내가 세 번 주께 간구하였더니 나에게 이르시기를 내 은혜가 네게 족하도다 이는 내 능력이 약한 데서 온전하여짐이라 하신지라 그러므로 도리어 크게 기뻐함으로 나의 여러 약한 것들에 대하여 자랑하리니 이는 그리스도의 능력이 내게 머물게 하려 함이라 … 이는 내가 약한 그때에 강함이라 (고후 12:7-10)

바울의 강한 리더십과 적극적인 솔선수범의 비결은 약점을 인정하고 고백해 그리스도의 능력이 나타나게 하는 것이었다. 우리의 능력도 거기서 나온다. 가족의 도움이 필요하다는 것을 인정하고 가족에게 잘못을 지적해 달라고 요청하면, 하나님은 당신을 통해 일하신다. 하나님은 당신의 고민과 약점을 아시며, 사실 가족도 그것을 알고 있다. 아무리 감추고 싶어도 숨길 수 없다. 잘못과 약점을 인정하고 가족의 도움을 받는 편이 훨씬 좋다.

먼저 아내와 상의하라. 아직 아내에게 잘못을 지적해 달라고 부탁하지 않았다면, 당신이 잘못하고 있거나 잘못할 것 같은 직감이 생길 때 알려 달라고 부탁하라. 아이에게도 당신이 최고의 아빠가 되고 싶지만 도움이 필요하다고 말하라. 자녀가 일곱 살 정도 되었을 때가 적당하다. 아이에게 아빠의 잘못을 말해 달라고 부탁하라. 아이에게 편지를 써 '공식적으로' 요청하는 것도 좋은 생각이다. 당신은 하나님이 기뻐하시는 진실하고 모범적인 아빠가 될 것이다.

아이에게 편지 쓰는 예를 소개한다.

○○에게

아빠는 널 사랑해. 그리고 네 감수성과 솔직함, 생각, 따뜻한 마음씨가 참 좋아. 이 편지를 쓰는 건, 아빠가 쌀쌀맞고 거짓말하고 무관심할 때 네가 따끔하게 지적해 주길 바라기 때문이야. 아빠는 네게 더 좋은 아빠와 친구가 되고 싶어.

아빠가 더 많이 같이 있어주지 못해 미안해. 아빠는 네가 어떻게 지내는지 더 많이 알고 싶어. 아빠가 다른 일로 너무 바쁜 것 같을 때면 그렇다고 말해 줄래? 그때 아빠에게 이 편지를 보여줘.

또 아빠가 하고 싶었던 것을 네게 시켜서 미안해. 아빠가 하지 못한 운동을 하고, 아빠가 받지 못한 성적을 받고, 아빠가 되지 못한 사람이 되라고 해서 미안해. 무뚝뚝하게 말했던 것, 참을성이 없었던 것, 무섭게 굴었던 것도 미안해. 아빠는 네게 친절하고 사랑스러운 아빠가 되고 싶어.
아빠가 너무 몰아세우는 것 같아 혼자 있고 싶으면 그렇다고 말해줘. 더 참을성 있는 아빠가 될 수 있게 도와줘. 필요할 때마다 이 편지를 사용하도록 해. 이 편지가 낡고 닳으면 아빠가 새로 써줄게.

사랑해.
아빠가.

가족에게 잘못을 지적해 달라고 부탁하면 더 친밀감이 생겨 자녀를 잘 지도할 수 있다. 최선을 다해 진실한 모범을 보이는 것, 이것이 아빠의 세 번째 약속이다.

06

아버지의 네 번째 약속

하나님의 본질과 성품을 설명해 주겠다

"아빠, 하나님은 어디 사세요?"

아들이 묻는다. 그리고 당신이 대답한다.

"천국에 사시겠지."

"하지만 우리가 죽기 전에는 천국을 볼 수 없잖아요."

딸이 대화에 끼어든다.

"그렇지. 죽기 전에는 볼 수 없지."

당신이 대답한다. 아들이 다시 묻는다.

"하나님을 실제로 본 사람은 아직 아무도 없는 거죠?"

"그렇지."

당신은 대화가 어디로 가는지 몰라 불안하다. 딸이 머리를 긁적이며 묻는다.

"죽기 전에는 하나님이 사시는 집에 놀러갈 수 없고 지금은 만날 수도 없다면, 하나님이 어떤 분인지, 진짜 계시는 분인지 어떻게 알아요?"

이런 질문을 똑같이 하지는 않더라도 언젠가는 당신의 자녀가 하나님에 대해 질문할 때가 온다. 당신이 그리스도인 아빠로서 대답해야 할 가장 중요한 물음은, 하나님은 누구이며 어떤 분인가 하는 것이다. 아이의 영원한 운명은 물론 아이와 하나님의 관계는, 아이가 하나님을 어떻게 알아가는지에 달려 있다.

당신은 하나님을 어떻게 알아왔는가? 어릴 때는 하나님을 어떤 분으로 알았고, 어른이 되어서는 어떻게 바뀌었는가? 앞에서 말한 것처럼 우리는 큰 영향력을 가진 권위자, 즉 일반적으로 아버지를 통해 하나님을 이해한다.

당신이 독재자 아빠 밑에서 자랐다면, 아빠의 가혹한 태도 탓에 하나님을 비판적인 분으로 여길 공산이 크다. 당신에게 하나님은 잘못을 잡아내기 위해 눈을 부라리며 감시하는 하나님이다. 만일 너무 너그러운 아빠의 손에 자랐다면, 당신이 무엇을 하든 하나님은 관심 갖지 않으신다고 느끼면서 성장했을 것이다. 또 당신이 소홀한 아빠 밑에서 자랐다면, 분명히 하나님을 멀게 느낄 것이다.

그러나 아빠와 자녀라는 관계 안에서 규칙을 가르치는 사랑하는 아빠 밑에서 자랐다면, 당신은 하나님에 대해 자신을 사랑하고 보살피는 분으로 여길 것이다. 또 당신을 있는 모습 그대로 용납하시고, 당신의 유익을 위해 계명을 주신다고 생각할 것이다. 그렇다면 당신이 그리스도를 구주로 영접할 확률은 매우 높아진다.

하나님은 가족을 복음의 중요한 통로로 만드셨고, 가족을 통해 자녀를 그리스도에게로 이끄신다. 하나님이 당신의 자녀를 사랑하시고 영원히 함께하고 싶어하신다는 복음을 전하는 최선의 방법은 바로 당신이다. 최근 통계에 따르면 미국인의 83퍼센트가 4-14세에 그리스도를 영접하며, 19세 이상의 성인이 그리스도인이 될 확률은 겨우 6퍼센트에 불과하다.[1]

아빠들이여, 이 말은 아이에게 가능한 한 분명하고 정확하게 하나님을 소개할 절호의 기회가 아빠에게 있다는 뜻이다. 자녀가 하나님에 대해 자기를 감시하거나 방치하고 혹은 멀리 계신 하나님으로 믿기 바라는 아빠는 아무도 없다. 우리는 아이가 자비롭고 사랑이 넘치는 성경의 하나님을 알기 바란다.

때로 아이가 하나님에 대해 곤란한 질문을 할지도 모른다. 대답할 말을 준비하라. 하나님을 육안으로 볼 수 없는 것은 사실이지만, 실제로 하나님은 살아계신다. 그리고 자신의 본질과 성품을 알 수 있도록 분명하게 계시하셨다.

보이지 않아도 분명히 계신다

성경은 말한다. "영원하신 왕 곧 썩지 아니하고 보이지 아니하고 홀로 하나이신 하나님께 존귀와 영광이 영원무궁하도록 있을지어다 아멘"(딤전 1:17). 우리가 하나님을 볼 수 없는 데는 이유가 있다. 하나님의 존재 방식은 '물질'이 아니다. "하나님은 영이시니 예배하는 자가 영과 진리로 예배할지니라"(요 4:24). 이는 곧 하나님은 인간의 존재 방식과 다르게 존재하는 초월자라는 뜻이다.

우리는 하나님의 모든 놀라운 권능을 볼 수 있는 존재가 아니다. 하나님은 모세에게 "네가 내 얼굴을 보지 못하리니 나를 보고 살 자가 없음이니라"(출 33:20)고 말씀하셨다. 육체를 지닌 인간은 지극히 크고 장엄하신 하나님을 보면 살아남을 수 없다.

하나님은 크고 놀라운 분이며, 물질세계에 갇혀 계시지 않는다. 자녀가 어리더라도 우리는 이 사실을 가르쳐야 한다. 우리는 모두 초월적인 것에 매혹된다. 아이들도 마찬가지다. 하나님은 신비롭고 장엄하다. 하나님은 우리와 함께 계시고, 우리는 육안이 아닌 마음으로 하나님을 '볼 수' 있다. 그러나 하나님이 물질적인 존재가 아니어도 우리는 아이에게 하나님의 존재를 설명할 수 있다. 하나님은 여러 방법으로 자신을 계시하셨다.

"옛적에 선지자들을 통하여 여러 부분과 여러 모양으로 우리 조상들에게 말씀하신 하나님이 이 모든 날 마지막에는 아들을 통하여 우리에게 말씀하셨으니 … 이는 하나님의 영광의 광채시요 그 본체의 형상이시라"(히 1:1-3). 예수님은 육체를 입으신 하나님이다. 하나님은 성육신의 기적을 통해 물질세계로 들어와 사셨다가, 돌아가신 후 부활하심으로 우리와의 관계를 회복하셨다. 하나님이 인간이 되셨다는 것은 기독교 신앙의 기본 진리다. "말씀이 육신이 되어 우리 가운데 거하시매 우리가 그의 영광을 보니 아버지의 독생자의 영광이요"(요 1:14). 아이에게 하나님은 지금도 살아계시고, 우리를 만나기 위해 2천 년 전에 찾아오셨다고 이야기해 주라. 그분이 예수님이고 그 이름은 임마누엘, 곧 '하나님이 우리와 함께 계시다'는 뜻이다.

하나님은 자연을 통해서도 자신을 계시하셨다. "창세로부터 그의 보이지 아니하는 것들 곧 그의 영원하신 능력과 신성이 그가 만드신 만물에 분명히 보여 알려졌나니 그러므로 그들이 핑계하지 못할지니라"(롬 1:20). 다윗 왕은 다음과 같이 말했다.

> 하늘이 하나님의 영광을 선포하고 궁창이 그의 손으로 하신 일을 나타내는도다 날은 날에게 말하고 밤은 밤에게 지식을 전하니 언어도 없고 말씀도 없으며 들리는 소리도 없으나 그의 소리가 온 땅에 통하고 그의 말씀이 세상 끝까지 이르도다 하나님이 해를 위하

여 하늘에 장막을 베푸셨도다 (시 19:1-4)

우리가 사는 물질세계는 뛰어난 지적 설계자가 존재한다는 것을 보여준다. 이 세상이 우연히 생겼다는 것은 생각할 수 없는 일이다. 아이에게 아름답고 정교한 우주가 하나님의 작품임을 가르치라. 아이는 창조주 하나님을 이해하게 될 것이다.

아이와 함께 디즈니랜드나 디즈니월드에 가본 적이 있는가? 그렇다면 입구 옆에 있는 야트막한 화단을 보았을 것이다. 꽃의 배치와 색, 형태에서 미키마우스가 또렷이 나타나는 화단의 모습이 기억나는가? 그 화단이 우연히 생겼다고 말하는 사람은 아무도 없다. 왜 그런가? 첫째, 모양과 색이 서로 다른 꽃들이 우연히 자라, 그 유명한 미키마우스의 모습을 만들어내는 법은 없기 때문이다. 다양한 종류의 꽃과 정교한 배치에서 분명히 '복잡성'이 보인다. 그런 의미에서 복잡성은, 꽃들이 화단에서 마구잡이로 자랐거나 우연히 제자리를 잡았을 리는 없다는 말이나 다름없다.

둘째, 복잡성 외에도 꽃의 배치는 매우 특정한 방식을 띤다. 미키마우스의 눈을 이루는 꽃이 있고, 코를 만드는 꽃이 있으며, 입과 그 유명한 귀를 만드는 꽃이 있다. 미키마우스의 그 형상에는 독립적인 형태, 즉 '특수성'이 있다.

복잡성(또는 비개연성)과 특수성(또는 독립적인 형태)은 묶어서 '특수한 복잡성'이라고 부른다. 특수한 복잡성은 지성의 표지다. 또 그것은 지문이나 서명처럼 지적 존재의 활동을 보여준다. 우리는 디즈니랜드의 거대한 화단에서 특수한 복잡성을 보면서, 지성이 있는 정원사가 그 화단을 만들었다고 믿는다.

특수하고 복잡한 사물일수록 지적 설계자는 더욱 부각된다. 이 세상과 그 안에 있는 모든 것은 살아계신 하나님의 뛰어난 솜씨를 보여준다. 아이와 함께 자연에 대한 영화를 보거나 동물원에 가는 것도, 창조주 하나님이 만드신 놀라운 세계에 감탄하는 좋은 방법이다. 당신은 아이에게 "장미를 보면 하나님은 어떤 분일 것 같아?" "하나님은 기린 목을 왜 저렇게 길게 만드셨을까?" 같은 질문도 할 수 있다. 아빠가 과학적 사실을 자세히 알고 있을 필요는 없다. 모든 답을 모르더라도 하나님의 경이로운 세계에 감탄하고 찬양할 수 있다.

자녀의 생일은 탄생의 기적, 즉 창조주 하나님의 놀라운 설계를 가르칠 수 있는 좋은 기회다. 놀랍고 복잡한 신체를 통해 창조주의 솜씨를 보여줄 수 있다. 고등학교 생물시간에 배운, 사다리를 배배 꼬아 놓은 것 같은 이중나선 DNA를 기억할 것이다. 각 가로장은 유전 정보를 담고 있고, 놀랍게도 당신의 전 세포는 당신에 대한 모든 것을 담은 완벽한 DNA 설계도를 가지고 있다. 이 가로장의 순서가 신체의 모든 필요한 부분의 생산 유형을 결정한다. 또 인간의 생식세포 안에는 정보가 들어 있는데, 그 정보가 배우자의 유전 정보와 만나면 결합된 유전 형태를 자녀에게 전달한다.

즉, DNA는 우리뿐 아니라 자녀의 형태까지 결정한다. 이 같은 놀라운 정보를 이용해 아이가 창조주 하나님을 경외하게 하라. 아이와 궁금증을 나누라. "하나님은 DNA 같은 걸 어떻게 생각해내셨을까?" "모르는 게 없다는 건 어떤 기분일까?" "하나님은 어떻게 생기셨을까?" "하나님은 어떤 색을 좋아하실까?" "하나님은 왜 우리를 이토록 사랑하실까?" 이렇게 하는 것은 하나님을 인간의 수준으로 끌어내리려는 것이 아니라 아이에게 중요한 진리를 가르치기 위함이다. 즉, 하나님은 우리의 이해를 뛰어넘는 분인 동시에 우리의 머리카락 수까지 아시는(마 10:30) 다정한 분이라는 것이다.

하나님이 인간의 창조주라는 사실을 아이에게 가르치는 데 도움이 되는 자료는 아주 많다. 그중 윌리엄 뎀스키(William H. Dembski)와 숀 맥도웰의 『지적 설계 이해』(*Understanding Intelligent Design*)를 추천한다. 그렇다. 내 아들 숀이 공동저자다. 그러나 어쩌겠는가. 나는 아들을 자랑스러워하는 아빠다!

하나님은 성육신과 자연을 통해 분명히 자신을 계시하셨지만 그것이 전부는 아니다. 하나님은 우리의 양심(롬 2:14-15), 성경(딤후 3:16-17), 교회(엡 1:23), 역사(삼상 17:46-47), 성령의 내주(롬 8:9-11)를 통해서도 자신을 계시하셨다. 하나님이 인간의 신체적 감각은 초월하실지 모르지만, 오늘 우리와 함께하시고 살아계신다는 증거는 분명하다.

하나님 경외하는 법을 가르치라

하나님에 대해 알아야 할 것은 아주 많고, 그분에 관한 것은 모두 놀랍기만 하다. 하나님을 소개할 때 아빠가 자녀에게 해줄 수 있는 가장 좋은 것은, 하나님 경외하는 법을 가르치는 것이다. 이것은 곧 아이에게 '하나님 두려워하는 법'을 가르치라는 말이다.

솔로몬 왕은 말했다. "여호와를 경외하는 것이 지혜의 근본이요 거룩하신 자를 아는 것이 명철이니라"(잠 9:10). 아이에게 하나님 두려워하는 법을 가르치라. 테러범이나 독사, 태풍 등으로 인해 느끼는 것처럼 하나님을 무서워하거나 벌벌 떨게 만들라는 말이 아니다. 하나님은 공포의 대상이 아니다. 그러나 위대한 분이기에 우리는 하나님을 경외하고 공경하며, 그 성품과 능력을 깊이 알고 있어야 한다.

하나님을 경외함에서 오는 두려움은 건강한 감정이다. 하나님은 선지자 예레미야에게 이스라엘 자손이 왜 하나님을 경외해야 하는지 말씀하셨다. "나를 경외함을 그들의 마음에 두어 나를 떠나지 않게 하고"(렘 32:40). 아이에게 하나님 경외하는 법을 가르쳐주면 아이는 하나님을 가까이하고 떠나지 않는다.

우리가 하나님의 성품에 대해 자녀에게 가르쳐야 할 것은 적어도 세 가지다. 이 세 가지 성품은 우리 안에 경외심, 곧 하나님을 공경하고 두려워하는 건강한 마음을 불러일으키고 하나님을 가까이하게 만든다.

- '하나님의 영원함'은 하나님이 얼마나 크신 분인지를 말해 준다.
- '하나님의 거룩함'은 죄인인 우리에게 무섭게 보일 수 있다. 그러나 그 완전함의 의미는 우리의 삶과 깊은 관련이 있다.
- 물론 '하나님의 친근한 마음'은 우리가 생각하는 것 이상으로 매우 중요하다.

하나님의 세 가지 성품을 하나씩 살펴보고, 이것을 아이에게 어떻게 전할 수 있을지 알아보자.

영원한 하나님을 경외하는 삶

* 하나님은 영원하신 분이다

하나님은 시작과 끝이 없는 영원한 생명을 가지고 계신다. 즉, 영원하신 분이다. "너는 알지 못하였느냐 듣지 못하였느냐 영원하신 하나님 여호와, 땅끝까지 창조하신 이는 피곤하지 않으시며"(사 40:28). 하나님은 시간을 창조하시고 그 안에서 활동하시지만, 시간 바깥에 존재하는 영원하신 분이다. 하나님은 한순간도 계시지 않았던 적이 없고, 장차 계시지 않을 때도 없을 것이다. 그 영원함은 경외심을 불러일으킨다.

사실 우리는 영원을 이해할 방법이 없다. 우리는 처음도 없고 마지막도 없는 존재를 인식할 능력이 부족하다. 그러나 분명히 아는 것은, 사물은 쇠퇴하고 최후를 맞이한다는 것이다. 우리는 망가진 장난감, 폐차, 퇴행하는 몸 같은 것뿐 아니라 죽음 자체도 이해할 수 있다. 우리가 사는 퇴화하는 세상에는 그런 일이 일어난다. 그 같은 현실에서는 행복한 생각을 할 수 없다. 그러나 중요한 사실은 하나님은 영원하다는 것이다. 하나님은 덧없이 쇠퇴하는 세상을 해결하실 수 있다. 그리고 닳거나 낡지 않고 죽지도 않는 영생을 주신다!

아이와 이런 놀이를 해보라. 어떤 대상을 가리키며 아이에게

"이것의 수명은 몇 년?" 하고 묻는 놀이다. 자동차, 옷, 집 등을 얼마나 오래 쓸 수 있는지, 새나 코끼리, 나무, 벌 따위가 얼마나 오래 살 수 있는지 물어보라. 아이와 함께 세상에 있는 생물과 사물의 수명을 예상해 보라. 그 다음 "하나님은 얼마나 오래 사실까?" 하고 물으라. 그리고 하나님은 영원한 분임을 가르치라.

아이에게 시작과 끝이 없는 어떤 존재가 있다는 놀라운 이야기를 전해 주라. 그리고 왜 하늘에 있는 하나님의 집에는 영원히 불이 꺼지지 않는지 물어보라. 더불어 "하나님의 강은 왜 마르지 않을까?" "하나님이 천국에 있는 사람들에게 주시는 옷은 왜 늘 새 것 같을까?" 등을 물어본 뒤, 그 이유는 하나님이 우리에게 영생을 주시기 때문이라고 설명해 주라. 하나님은 우리가 하나님과 더불어 영원히 살기를 바라신다. 아이에게 예수님의 말씀을 읽어보게 하라. "나는 부활이요 생명이니 나를 믿는 자는 죽어도 살겠고 무릇 살아서 나를 믿는 자는 영원히 죽지 아니하리니"(요 11:25-26). 당신이 영원한 하나님을 얼마나 경외하는지, 그리고 당신과 가족이 결코 늙지 않는 곳에서 영원히 살 수 있게 허락하신 하나님께 얼마나 감사하고 있는지 고백하라.

* 하나님은 전능하신 분이다

성경은 전능하신 하나님을 보여준다. 하나님은 원하는 것은 무엇이든 하실 수 있다. 다윗 왕은 말했다. "우리 주는 위대하시며 능력이 많으시며"(시 147:5). 전능하신 하나님은 우주의 주권자로 미래의 일을 아시고 그 일을 일으키실 힘이 있다.

> 나는 하나님이라 나 같은 이가 없느니라 내가 시초부터 종말을 알리며 아직 이루지 아니한 일을 옛적부터 보이고 이르기를 나의 뜻이 설 것이니 내가 나의 모든 기뻐하는 것을 이루리라 (사 46:9-10)

우리가 사는 세상은 천연자원이 유한하다. 석탄, 석유, 가스, 화석 연료는 모두 끝내 바닥이 드러날 것이다. 인간의 힘과 능력도 유한하다. 무한한 힘이나 능력은 이해하기 힘든 개념이다. 그러나 하나님은 바로 그런 분이다. 하나님은 절대적인 능력과 힘을 가지신 분이다. 하나님은 무엇이든 하실 수 있다. 유한한 존재인 우리는 그런 능력이 필요하다.

아이에게 이런 물음을 던져보라. "너는 쓰러지기 직전까지 얼마나 멀리 달릴 수 있니?" "아무것도 마시지 않고 얼마나 오래 버틸 수 있니?" "아무것도 먹지 않고 얼마나 살 수 있니?" "잠을 자지 않고 얼마나 버틸 수 있니?"

그 다음 하나님에 대해 물어보라. "하나님은 언제 피곤을 느끼실까?" "음식을 드시거나 잠을 주무실까?" "누가 하나님을 이길 수 있을까?" "하고 싶은 일은 무엇이든 하실 수 있을까?" 앞에서 말한 성경구절을 아이에게 읽어보게 하라. "우리 주는 위대하시며 능력이 많으시며"(시 147:5). 예레미야가 한 말도 읽게 하라. "주께서 큰 능력과 펴신 팔로 천지를 지으셨사오니 주에게는 할 수 없는 일이 없으시니이다"(렘 32:17).

언제든 무엇이든 할 수 있는 분, 우리에게는 그런 하나님이 그런 친구가 필요하다. 그 다음 아이에게 물어보라. "이 전능하신 하나님이 우리를 도와주실까?" 아이에게 시편 145편을 읽어보게 하라. "주의 나라는 영원한 나라이니 주의 통치는 대대에 이르리이다 여호와께서는 모든 넘어지는 자들을 붙드시며 비굴한 자들을 일으키시는도다 모든 사람의 눈이 주를 앙망하오니 주는 때를 따라 그들에게 먹을 것을 주시며 손을 펴사 모든 생물의 소원을 만족하게 하시나이다"(시 145:13-16).

당신이 전능하신 하나님을 어떻게 경외하는지 아이에게 설명해 주라. 하나님의 무한한 능력에 놀라서가 아니라, 당신에게 필요한 힘을 주시기 때문에 경외하는 것이라고 가르쳐주라. 당신은 하나님의 도움을 받아 더 참을성 있고, 친절하며, 다정하고, 사랑이 넘치는 사람이 되고 싶다고 말해 주라. 하나님이 전능하신 분이어서 얼마나 감사한지 아이에게 고백하라.

✱ 하나님은 모든 곳에 계신다

하나님께는 제한이나 경계가 없다. 우리는 하나님을 어디나 계시는 '무소부재'한 분이라고 부른다. 다시 말하지만 유한한 인간인 우리는 시공간이 있는 우주에서 무소부재한 존재를 상상할 능력이 없다. "여호와의 말씀이니라 나는 가까운 데에 있는 하나님이요 먼 데에 있는 하나님은 아니냐 여호와의 말씀이니라 사람이 내게 보이지 아니하려고 누가 자신을 은밀한 곳에 숨길 수 있겠느냐 여호와가 말하노라 나는 천지에 충만하지 아니하냐"(렘 23:23-24).

하나님이 어디나 계신다는 사실은 처음에 조금 무서울지도 모른다. 언제 어디서든 우리가 하는 모든 행동을 보고 계신다는 말이기 때문이다. 곧 우리의 좋은 행동과 나쁜 행동을 모두 보고 계신다는 뜻이다. 그러나 우리가 결코 혼자가 아니라는 점은 다행이다. 우리가 어디에 있든지, 우리에게 무슨 일이 일어나든지, 우리가 무슨 행동을 하든지, 하나님은 우리와 함께 계신다. 이것은 우리가 경외할 만한 사실이다.

이에 대해 아이와 대화할 수 있는 이야기를 하나 소개하고자 한다. 당신이 가장 좋아하는 휴양지에서 휴가를 보내고 있다고 하자. 그런데 한 친구가 급한 일이 생겨 당신에게 도와달라고 문자를 보냈다. 당신은 당장 떠나야 한다. 그러나 당신은 멋진 휴가를 보내고 있기에 휴양지를 떠나고 싶지 않다. 이 문제를 풀 수 있는 방법이 있을까?

아이와 잠시 상의한 뒤 이렇게 물어보라. "자, 너한테는 초능력이 있어. 휴가를 보내는 동시에 친구도 도울 수 있는 초능력은 어떤 게 있을까?"

물론 동시에 여러 곳에 있을 수 있는 초능력이다. 하나님께는 그런 능력이 있다. 아이에게 예레미야 23장 23-24절을 읽게 한 뒤 물어보라. "하나님이 어디든 동시에 계실 수 있으면 우리에게 좋은 점이 무엇일까?" 하나님은 하나님을 필요로 하는 모든 사람을 도우실 수 있음을 아이에게 일깨우라. 하나님은 시공간의 제약을 받지 않으신다. 그래서 예수님은 말씀하셨다. "볼지어다 내가 세상 끝날까지 너희와 항상 함께 있으리라"(마 28:20). 하나님은 모든 곳에 계신다. 다시 말해 우리는 결코 혼자가 아니다. 이것은 우리가 경외할 만한 사실이다.

✱ 하나님은 모든 것을 아신다

하나님의 지식은 무한하다. 하나님은 과거와 현재, 미래의 모든 것을 알고 계신다. 우리는 이것을 '전지'(omniscient)라고 부른다. 앞에서 읽은 것처럼 하나님은 "나는 하나님이라 나 같은 이가 없느니라 내가 시초부터 종말을 알리며 아직 이루지 아니한 일을 옛적부터 보이고 이르기를 나의 뜻이 설 것이니 내가 나의 모든 기뻐하는 것을 이루리라"(사 46:9-10)고 말씀하신다. 이 우주에서 우리가 아는 모든 것을 집대성해도 하나님이 가진 지식의 겉핥기도 안 될 것이다. 그렇다면 하나님이 모든 것을 아신다는 사실이 우리에게 어떤 도움을 줄까?

지금은 상황이 순조롭게 풀리고 있다고 하자. 그러나 내일도 그러리라는 보장은 없다. 우리는 앞날을 모르기에 불안에 시달린다. 인간은 앞으로 무슨 일이 생길지 알 수 없지만, 미래를 쥐고 계신 분은 알 수 있다. 당신은 미래를 아시며 "내가 나의 모든 기뻐하는 것을 이루리라"고 말씀하시는 하나님을 신뢰할 수 있다. 모든 것을 아시는 하나님은 안전하다.

아이에게 물어보라. "맞춤법을 틀린 적이 있니?" "길을 잃어버렸을 때를 기억해?" "너는 세상에서 알아야 할 것을 얼마나 알고 있어?" 아이에게 이사야 46장 9-10절과 시편 139편 1절을 읽어보게 하라.

그리고 물어보라. "하나님은 아는 것이 얼마나 많을까? 과거와 현재, 미래에 대해 모두 알고 계실까? 우리가 그런 하나님을 믿으면 우리의 현재와 미래를 하나님께 맡길 수 있을까?"

우리는 모든 것을 아시는 하나님을 믿을 수 있다. 미래를 아시며, 천국에 우리의 집이 있다고 말씀하시는 하나님을 의지할 수 있다.

✻ 하나님은 변하지 않으신다

하나님을 믿을 수 있는 것은 하나님의 성품 때문이다. 하나님은 변하지 않으신다. 변덕을 부리거나 거짓말하지 않으신다. 하나님은 하겠다고 말씀하신 것은 늘 그대로 하신다.

> 하나님은 사람이 아니시니 거짓말을 하지 않으시고 인생이 아니시니 후회가 없으시도다 어찌 그 말씀하신 바를 행하지 않으시며 하신 말씀을 실행하지 않으시랴 (민 23:19)

하나님이 불변하시다는 것은 영원히 한결같고 확고하며 안전하다는 뜻이다. 하나님은 영원히 그런 분이기에, 하나님이 어떻게 하셔도 우리는 그분을 믿을 수 있다.

얼마 전 나는 남아프리카에서 무슬림에게 기독교 신앙의 근거를 전했다. 한 강의에서 나는 하나님의 성품은 한결같으며 변하지 않는다고 말했다. 그리고 하나님은 늘 의로운 성품에 맞게 행동하신다고 전했다. 하나님의 '행동'은 늘 성품과 일치한다.

강의가 끝난 뒤 한 무슬림 청년이 찾아왔다.

"선생님이 생각하는 하나님은 내가 생각하는 알라와 다릅니다. 알라는 '전능'하시고 무엇이든 할 수 있는 '능력'이 있으십니다."

"그렇다면 알라는 거짓말하고 속일 수도 있나요?"

"그럼요. 알라는 모든 것을 하실 수 있습니다. 알라는 당신의 하나님과 달리 한계가 없습니다. 알라는 사랑하고 싶으면 사랑하시고, 미워하고 싶으면 미워하십니다. 알라는 전능하십니다."

"알라는 당신이 좋은 일을 했어도 처벌하실 수 있나요?"

"알라의 마음에 들지 않는다면 그럴 수 있습니다."

"그렇다면 알라의 행동을 늘 예상할 수는 없겠군요. 그렇죠?"

그는 잠시 생각했다.

"네. 알라가 어떻게 하실지 항상 알 수는 없습니다."

그는 서둘러 덧붙였다.

"하지만 알라가 전능하시다는 건 알 수 있습니다."

나는 고개를 끄덕였다.

"내가 만약 알라를 섬긴다면 두려움 때문일 것 같아요. 단지 하고 싶다는 이유만으로 옳은 행동도 하고 잘못된 행동도 한다면, 알라는 이기적인 마음으로 나를 처벌하는 셈이죠. 무엇 때문에 화를 내는지 알 길이 없기에 무서워서 알라를 섬기게 되는 겁니다."

청년은 내 말을 열심히 경청했다. 나는 계속해서 말했다.

"나는 하나님을 사랑해서 섬깁니다. 그리고 거룩하고 완전하며 전능하신 하나님을 경외합니다. 공경하는 것이죠. 하지만 나는 하나님이 자비롭고 늘 사랑의 성품에 맞게 행동하신다는 걸 알기에 사랑으로 하나님을 섬깁니다. 나는 하나님이 무엇에 화를 내시는지, 무엇을 기뻐하시는지 늘 알고 있어요. 하나님의 성품은 영원히 불변하기 때문이죠."

나는 그 대화를 계기로 내가 섬기는 하나님을 더욱 경외하게 되었다. 우리는 하나님이 사랑으로 행동하신다는 것을 늘 믿을 수 있다. 하나님의 성품은 불변하기 때문이다. 아이가 원하는 것, 즉 아이에게 필요한 것은 안정감이다. 우리가 믿는 하나님보다 더 큰 안정감을 주는 것이 어디 있는가? 하나님은 도움이 필요할 때 이 세상 누구보다 믿을 수 있는 분이며, 늘 옳은 일을 하신다는 사실을 아이에게 알려주라. 성경은 말한다. "주는 항상 미쁘시니 자기를 부인하실 수 없으시리라"(딤후 2:13).

아이에게 물어보라. "매일 날씨가 좋을 거란 말을 왜 믿을 수 없을까?" "절대 아프지 않을 거란 말을 왜 믿을 수 없을까?" "친구들이 절대 실망시키지 않을 거란 말을 왜 믿을 수 없을까?" "무슨 일이 생겨도 늘 믿을 수 있는 물건이나 사람이 있니?" 아이에게 민수기 23장 19절을 읽게 한 뒤 물어보라. "하나님은 우리를 도우시고 옳은 일만 하신다는 것을 우리가 항상 믿을 수 있는 이유가 무엇일까?" "하나님은 잘못된 일은 하지 않으신다는 것을 알면 기분이 어때?" 하나님의 사랑이 절대 변하지 않는다는 사실로 인해 당신이 하나님을 얼마나 경외하는지 아이에게 말해 주라. 하나님이 굉장히 멋진 분인 이유는 그것만이 아니라는 것도 말해 주라!

거룩하신 하나님을 경외하는 삶

우리는 아무도 하나님의 무한한 성품을 깊이 이해할 수 없지만, 하나님이 영원하시고, 전능하시며, 모든 곳에 계시고, 모든 것을 아시며, 변하지 않으신다는 것은 알 수 있다. 우리는 유한한 존재지만 하나님과 어울려 살도록 하나님의 형상대로 창조되었다. 그래서 우리가 가장 친근하게 느끼는 하나님의 영원한 본성은 곧 '불변'이다.

하나님의 성품은 거룩하고 완전하며 의롭기에 우리는 하나님을 믿을 수 있다. 성경은 말한다. "그는 반석이시니 그가 하신 일이 완전하고 그의 모든 길이 정의롭고 진실하고 거짓이 없으신 하나님이시니 공의로우시고 바르시도다"(신 32:4).

성경에 나타난 하나님은 완전하게 거룩하시고(사 54:5, 계 4:8), 의로우시며(계 16:5), 옳으시다(시 119:137). 이것은 하나님이 '결심'으로 하시는 일이 아니다. 즉, 하나님은 거룩하고 의롭고 옳은 일을 하려고 결심하지 않으신다. 그것은 하나님의 '성품'일 뿐이다. 옳고 거룩하며 의롭고 선한 모든 것은 하나님의 성품, 즉 본성에서 나온다. 성경은 "온갖 좋은 은사와 온전한 선물이 다 위로부터 빛들의 아버지께로부터 내려오나니"(약 1:17)라고 말한다.

아빠가 자녀에게 이 같은 진리를 심어주는 일은 매우 중요하다. 아이는 거룩하신 하나님이 온전히 선하시다는 것을 알아야 한다.

완전하고, 올바르고, 아름답고, 온전하고, 의미 있고, 영원한 만족과 기쁨, 행복이 넘치는 모든 것은 하나님으로 인한 것이며, 하나님이 주신다. 하나님의 성품과 본성은 선하시다. "여호와는 선하시고 정직하시니"(시 25:8). 그리고 거룩하시고 진실하시다(계 3:7). "거룩하다 거룩하다 거룩하다 만군의 여호와여"(사 6:3). "여호와께서는 그 모든 행위에 의로우시며 그 모든 일에 은혜로우시도다"(시 145:17). "여호와의 정직하심과 나의 바위 되심과 그에게는 불의가 없음이 선포되리로다"(시 92:15).

아이에게 세상에서 가장 좋아하는 것이 무엇인지 물어보라. 즉, 다음과 같은 물음을 던져보라. "가장 좋았던 방학에 대해 말해 줄래?" "가장 행복했던 순간이 언제야?" "가장 맛있게 먹었던 음식은 뭐야?" "지금까지 본 것 중에 가장 아름다운 게 뭐야?" "믿을 수 없을 만큼 평화로웠던 적이 언제야?" "언제 가장 뿌듯했어?" "결승전에서 이겼을 때나 특별한 일을 성취했을 때 기분이 어땠어?" 아이는 이런 질문에 대답하면서 기쁨, 만족, 평화, 아름다움, 의미 등을 느꼈을 때를 떠올릴 것이다.

그 다음 물어보라. "이렇게 좋은 것이 다 어디서 왔을까?" 아이에게 야고보서 1장 17절을 읽어보게 하라. 좋고 온전한 것은 모두 하나님이 주신다고 가르치는 구절이다. 그러고서 아이에게 하나님이 주시는 좋고 온전한 것은 모두 하나님의 거룩하고 선한 성품에서 나오는 것이라고 말해 주라. 위대한 우리 하나님의 성품은 거룩하고, 온전하며, 선하다!

하나님은 거룩하시기에 나쁘고 잘못된 일은 결코 하라고 하지 않으신다는 것을 아이에게 반복해 가르치라. 하나님은 선하시기에 아이를 위험에서 보호하시고, 아이에게 가장 좋은 것을 주신다. 하나님은 선하시고 거룩하시기에 아낌없이 베푸시고 아이의 안전과 행복, 안녕을 자신의 것처럼 중요하게 여기신다. 아이는 하나님의 성품이 '그 정도로 좋다'는 것을 알아야 한다. 당신이 거룩하고 선하신 하나님을 경외한다는 것을 아이에게 말하라. 그 하나님은 정말 멋진 분이다.

하나님은 위대하신 분이다. 그분은 온전히 선하시며, 우리가 마땅히 경외할 하나님이다. 그러나 그것이 전부가 아니다. 하나님은 거룩하시고 선하시지만, 하나님을 사랑할 수밖에 없게 만드는 것은 그분의 친근한 마음이다.

친근한 하나님을 경외하는 삶

전능하신 하나님은 '있으라'는 말씀으로 천지를 창조하셨다(창 1:3). 하나님이 선한 분이기에 피조물도 선했다. 하루 동안 창조한 세계는 하나님이 보시기에 좋았다(창 1:10). 그러나 하나님은 단독으로, 즉 혼자 세상을 창조하지 않으셨다. 삼위 하나님이 모두 창조에 기여했기에 하나님은 관계 속에서 천지를 창조하셨다. "하나님의 영은 수면 위에 운행하시니라"(창 1:2).

예수로 이 땅에 태어나신 성자 하나님도 거기에 계셨다. "그는 보이지 아니하는 하나님의 형상이시요 모든 피조물보다 먼저 나신 이시니 만물이 그에게서 창조되되"(골 1:15-16). 삼위일체 하나님은 하나님이 관계의 존재임을 보여준다. 인간이 있기 전, 즉 우리가 아는 지구나 우주, 시간이 있기 전에 하나님은 관계 안에서 영원히 존재하고 계셨다.

하나님은 친근한 상대가 필요해 인간을 창조하신 것이 아니다. 하나님은 이미 관계 속에서 존재하고 계셨다. 하나님은 우리를 자녀로 삼으셨고, 우리는 하나님을 아버지로 사랑한다. 앞에서 말한 것처럼 하나님은 규칙을 강요하는 독재자 아빠도 아니고, 방임하거나 소홀한 아빠는 더더욱 아니다. 오히려 친근한 사랑의 하나님으로, 우리가 하나님과 더불어 아름다운 인생을 누리기 바라신다.

다윗 왕은 하나님의 친근한 마음을 이렇게 설명했다.

> 여호와는 긍휼이 많으시고 은혜로우시며 노하기를 더디 하시고 인자하심이 풍부하시도다 (시 103:8)

주의 성실하심은 대대에 이르나이다 … 여호와여 주의 긍휼이 많으오니 (시 119:90, 156)

억눌린 사람들을 위해 정의로 심판하시며 주린 자들에게 먹을 것을 주시는 이시로다 여호와께서는 갇힌 자들에게 자유를 주시는도다 여호와께서 맹인들의 눈을 여시며 여호와께서 비굴한 자들을 일으키시며 여호와께서 의인들을 사랑하시며 여호와께서 나그네들을 보호하시며 고아와 과부를 붙드시고 악인들의 길은 굽게 하시는도다 (시 146:7-9)

상심한 자들을 고치시며 그들의 상처를 싸매시는도다 (시 147:3)

하나님은 긍휼이 많고, 자비롭고, 불변하고, 신실하고, 정의롭고, 친절하시다. 또 마음이 정결해 사랑하는 사람들을 보호하고 선을 베푸신다. 하나님의 사랑은 베풀고, 신뢰하고, 이기적이지 않고, 희생적이고, 안전하고, 확실하고, 충실하고, 영원하다.

하나님의 사랑을 본받아 자녀를 사랑하는 아빠는, 아이의 안전과 행복, 안녕을 자신의 것처럼 중요하게 여긴다. 그리고 아이에게 하나님의 마음을 보여준다. 성경은 우리가 하나님의 사랑으로 서로 사랑하면 주의 영광을 비추게 된다고 말한다. "거울을 보는 것같이 주의 영광을 보매 그와 같은 형상으로 변화하여 영광에서 영광에 이르니 곧 주의 영으로 말미암음이니라"(고후 3:18).

무슨 말인지 이해하겠는가? 당신은 사랑의 관계 안에서 아이에게 규칙을 가르치는 사랑하는 아빠가 되어야 한다. 왜 그런가? 모든 규칙과 교훈은 아이가 잘 자라게 하고, 아이를 안전하게 보호하기 위한 것이기 때문이다. 그렇게 할 때 하나님의 마음을 보여줄 수 있다. 하나님은 우리를 그렇게 대하신다. 아이를 "주의 교훈과 훈계로 양육"(엡 6:4)하면, 당신은 하나님을 본받아 따름으로 하나님의 친근한 마음을 비추게 된다. 하나님은 질투하실 정도로 우리를 사랑하신다(출 34:14). 당신도 그런 마음으로 아이에게 하나님을 소개해야 한다.

아이에게 이 말씀을 자주 가르치라. "네 하나님 여호와를 경외하여 그의 모든 도를 행하고 그를 사랑하며 마음을 다하고 뜻을 다하여 네 하나님 여호와를 섬기고 '내가 오늘 네 행복을 위하여 네게 명하는' 여호와의 명령과 규례를 지킬 것이 아니냐"(신 10:12-13). 하나님이 하시는 모든 일은 친근한 사랑의 마음으로 나타나는 거룩하고 선한 성품에서 나온다는 것을 가르치라. 이 같은 사실을 자녀에게 반복해 가르치라. 하나님이 하시는 일은 모두 우리를 사랑하시기 때문이고, 하나님은 언제나 우리의 행복을 위해 일하신다!

✱ 하나님의 마음을 가르치는 특별한 방법

하나님의 영원한 본성을 이해하거나 표현하기는 불가능하다. 우리는 선하신 하나님의 거룩한 성품을 상상할 수 없다. 그러나 하나님은 우리를 친근한 마음에 끌리는 관계의 존재로 만드셨다. 우리는 하나님의 마음을 다 알 수 없지만, 하나님께 강하게 이끌려 진실한 관계를 맺을 수 있다. 우리는 하나님을 사랑하고 제 몸을 아끼듯 타인을 사랑하는 존재로 만들어졌다.

그러나 인류의 첫 부부는 안타깝게도 선하신 하나님의 친근한 마음을 의심했다. 그들은 유혹받았을 때, 에덴동산 중앙에 있는 나무의 열매를 먹지 말라는 가르침의 선의를 믿지 않았다. 하나님과의 교제, 곧 선하고 완전한 관계를 거부한 것은 하나님을 모욕한 것이나 다름없었다. 인간은 하나님께 반역했다. 죄를 범했고, 하나님은 "마음에 근심"(창 6:6)하셨다.

하나님은 성품 자체가 거룩하다는 것을 기억하라. 하나님은 어떤 죄도 두고 보실 수 없다. 성경은 말한다. "주께서는 눈이 정결하시므로 악을 차마 보지 못하시며 패역을 차마 보지 못하시거늘"(합 1:13). 다른 역본은, 하나님은 아주 거룩한 분이므로 "어떤 죄도 허용하실 수 없다"(NLT)고 옮긴다. 죄를 허용하는 것은 하나님의 본성에 위배되는 일이다. 하나님은 죄악 된 인간과 분리될 수밖에 없었고, 결국 인간은 영혼과 육체의 죽음을 맞이하게 되었다.

그러나 하나님은 인간을 영원히 죄악 가운데 내버려두지 않으시고, 잃어버린 영혼을 다시 찾기 위해 사랑으로 찾아오셨다.

> 긍휼이 풍성하신 하나님이 우리를 사랑하신 그 큰 사랑을 인하여 허물로 죽은 우리를 그리스도와 함께 살리셨고 (엡 2:4-5)

물론 그 대가는 하나님의 아들이 잔인한 십자가 고난을 받아 생명을 내놓는 것이었다. 순결하고 거룩하신 하나님의 아들은 기꺼이 고난과 죽음을 받아들여, 우리와 맺은 관계를 회복하려 하셨다. 하나님의 선한 성품은 아들이 우리와 함께 있는 것에 반대했지만, 우리를 친근히 여기시는 하나님의 마음은 우리를 포기할 수 없게 했다. 이 사실을 마음으로 깨달으면 자비와 사랑, 은혜의 하나님을 경외할 수밖에 없다.

이 놀라운 진리를 자녀에게 어떻게 전할 수 있을까? 아이가 하나님의 친근한 마음을 조금이라도 느끼게 된다면 하나님께 강하게 끌릴 것이다.

나는 자녀를 그리스도께 인도하고자 하는 부모들을 오랫동안 도와왔다. 또 청년들에게 복음 전하는 일에 평생을 바쳤다. 나는 자녀들을 그리스도께 인도하는 것을 가장 중요한 일로 여겼다. 그런데 어떻게 아이를 하나님과의 놀라운 만남과 변화의 관계로 인도

할 수 있을까?

아이들은 흔히 예배나 청소년 모임, 수련회, 집회를 통해 그리스도를 영접한다. 부모가 아이의 구원을 위해 기도하는 경우도 있다. 몇 년 전 우리 단체는 부모가 아이와 함께 하나님의 마음을 발견하는 데 사용할 수 있는 교재를 만들었다. 수많은 가족이 개인적으로나 모임에서 이 이야기 형식의 교재를 사용했다. 이 교재에 따르면 대개 서너 가정이 모여 이른바 '구원잔치'를 연다. 이 잔치는 구약에 기록된 유월절 식사를 본떠 만들었고, 그리스도가 희생양이 되셨다는 것을 가르친다. 구원잔치에 대한 내용 전체와 자세한 지침은 내 홈페이지에 게시되어 있다.*

아이가 예수님을 구주로 영접하도록 지도하는 것은, 아빠에게 무엇과도 비교할 수 없는 기쁜 일이다. 그러나 그리스도를 영접하는 것은 최종적으로 아이가 결정할 일임을 기억하라. 당신에게는 하나님이 누구이며 어떤 분인지 아이에게 최선을 다해 설명함으로, 아이를 하나님께로 인도할 책임만 있을 뿐이다.

---

* www.josh.org/RC1에서 '구원잔치'에 필요한 모든 자료를 무료로 내려받을 수 있다.

07

아버지의 다섯 번째 약속

이기적이지 않은 자기애를 가르치겠다

"아빠, 메건이 내 게임기 안 줘요."

"메건, 아리한테 게임기 돌려줘."

"아빠, 아리는 하루 종일 게임기 갖고 놀았어요. 이제 내 차례예요."

"아리, 이제 메건 차례야."

"아빠, 그건 불공평해요. 이 게임기는 내 거란 말이에요!"

"메건, 그건 아리 게임기야."

"자, 이 거지 같은 게임기 가져가!"

"메건 캐슬린, 가족끼리 그런 말 하면 못써!"

당신에게도 익숙한 상황인가? 아이들은 이기심을 버리고 남에게 베푸는 데 자연스럽지 못하다. 다른 사람과 나누고 싶어하지 않는다. 분풀이로 게임기나 휴대전화, 전자책 단말기를 형제에게 집어던지기도 한다. 그런 아이에게 자기애를 심어주면 문제가 더 나빠질 것처럼 보일 수 있다. 그러나 실은 건강한 자기애가 있어야 이기적이지 않고 다른 사람을 사랑하게 된다.

자기애와 이기심

여느 날과 다름없는 날이었다. 당신은 일을 마친 뒤 피곤하고 허기진 상태로 집에 가고 있다. 대문을 열자 당신이 좋아하는 음식 냄새가 코를 찌른다. 일찍 퇴근한 아내가 진수성찬을 차렸다.

당신은 한 입씩 음미하면서 저녁을 먹었고, 그릇을 다 비운 다음 다시 한 그릇을 더 먹는다. 자, 여기서 질문이 있다. 당신이 배를 채우는 것은 이기적인 행동일까?

식사 후 당신은 뜨거운 물로 샤워한 다음 편안한 옷으로 갈아입고 소파에 길게 누웠다. 자, 여기서 다시 질문해 보자. 당신이 고된 하루를 마치고 휴식을 취하는 것은 이기적인 행동일까?

이튿날 아침, 밤새 푹 잔 당신은 활력을 얻기 위해 조깅을 하러 나간다. 마주오던 차가 강아지를 피해 당신에게 바싹 다가온다. 당신은 안전한 인도로 껑충 뛰었다. 자, 여기서 또 질문이 있다. 당신이 자동차와 부딪히지 않으려고 몸을 피한 것은 이기적인 행동일까?

당신은 늘 먹고, 쉬고, 충분히 자고, 몸을 보호한다. 이것이 이기적인 행동일까? 그저 제 몸을 보살피고 보호하는 행동이 아닐까?

사도 바울은 남편들에게 아내를 제 몸처럼 사랑하라고 가르쳤다. "이와 같이 남편들도 자기 아내 사랑하기를 자기 자신과 같이 할지니 자기 아내를 사랑하는 자는 자기를 사랑하는 것이라 누구든지 언제나 자기 육체를 미워하지 않고 오직 양육하여 보호하기를 그리스도께서 교회에게 함과 같이 하나니"(엡 5:28-29). 이 구절은 우리가 제 몸의 필요를 채우고 안전하게 보살피는 것을 당연한 일로 본다. 자신의 안전과 행복, 안녕을 추구하는 것은 타당하고 건강한 자세다. 이기적인 행동이 아니다. 무한한 존엄과 가치를 지닌 하나님의 형상으로 창조된 자신을 존중하고 중요하게 여기는 것뿐이다. 사실 이 본문에서 바울은 남편이 자기 자신을 바르게 사랑하지 못하면 아내도 바르게 사랑하지 못한다고 말하고 있다.

예수님은 우리의 모든 것으로 하나님을 사랑하고 "네 이웃을 네 자신같이 사랑하라"(마 22:39)고 가르치셨다. 여기서도 반복되듯이 자기애는 타인을 사랑하는 데 필요한 전제 조건이다. 예수님은 분명히 제 욕심을 추구하는 자기중심주의를 옹호하지 않으신다. 하나님의 피조물로서 우리가 가지고 있는 내면의 가치와 의미를 존중하시며, 우리가 하나님이 창조하신 것을 보살피고 보호하는 것을 자연스럽고 타당하다고 인정하신다. 따라서 우리는 다른 사람에게 사랑받고 싶은 만큼 다른 사람을 사랑해야 한다. 그래서 예수님은 말씀하셨다. "그러므로 무엇이든지 남에게 대접을 받고자 하는 대로 너희도 남을 대접하라 이것이 율법이요 선지자니라"(마 7:12). 핵심은 건강한 자기애가 없으면 하나님의 계명대로 다른 사람을 사랑할 수 없다는 것이다. 즉, 우리는 건강한 자부심을 가지고 있어야 한다. 우리가 자기를 존중하고 사랑하는 마음이 없으면, 다른 사람을 어떻게 사랑해야 하는지 갈피를 잡지 못할 것이다.

자기애나 자부심을 들먹이는 것은 성경적이지 않다고 말하는 사람이 있다. 내가 그런 강의를 하면 종종 발끈하고 찾아와 반발하기도 한다. 자부심을 가르치면 하나님보다 자신에게 집중하게 된다는 것이다.

나는 이런 반대에 부딪히면 이렇게 말한다. "우리가 이기적이 되어가고 제 욕심만 찾게 된다는 말씀은 이해합니다. 하지만 자부심이 악한 생각이라는 데는 동의하지 않습니다. 사실 자신이 하나님의 창조물이라는 가치와 의미를 이해하면 이기심과 욕심을 버릴 수 있습니다. 사도 바울은 '너희 각 사람에게 말하노니 마땅히 생각할 그 이상의 생각을 품지 말고 오직 하나님께서 각 사람에게 나누어 주신 믿음의 분량대로 지혜롭게 생각하라'(롬 12:3)고 당부했습니다."

바울이 우리에게 하는 말은 자신을 대단하게 생각하지 말라는 것이 아니다. 자신의 '실체'를 부풀려 과대평가하지 말라는 뜻이다. 즉, 우리는 자신에 대한 평가를 사실적이며 성경적으로 해야 한다. 그래서 바울은 "지혜롭게 생각하라"는 말을 덧붙였다.

헬라어에서 '생각하다'는 동사는 '어떤 사람에 대해 특정한 방식으로 생각하거나 느끼다'는 뜻이 있다. 로마서 12장 3절에서 이 단어는 '자신에 대한 견해나 판단, 느낌을 형성한다'는 뜻으로 해석할 수 있다.[1] 바울의 요점은, 하나님이 우리를 보시는 관점을 바탕으로 자신을 사실대로 평가한 자아상을 우리가 가지고 있어야 한다는 것이다. 하나님의 눈으로 자신을 보는 것은 이기적이 아니라 성경적인 것이다.

이기적인 사람은 타인을 아랑곳하지 않고 제 욕심만 채운다. 건강한 자부심은 그런 이기심을 이기는 초석이다. 다른 사람을 제 몸처럼 사랑하라는 예수님의 말씀은, 자신이 사랑받고 싶은 대로, 즉 보살핌과 보호를 받고 싶은 대로 다른 사람을 사랑해야 한다는 뜻이다.

앞 장에서 말한 것처럼 타인을 제 몸처럼 사랑하는 것은 하나님의 사랑과 같다. 이런 사랑은 "자기 일을 돌볼 뿐더러 또한 각각 다른 사람들의 일을 돌보아"(빌 2:4)준다. 건강한 자부심에 기초한 사랑은 타인의 안전과 행복, 안녕을 제 것처럼 중요하게 여긴다.

이타적인 자기애를 심어주면 아이는 건강한 자부심을 느낄 수 있다. 즉, 아이는 자신에게 가치와 존엄이 있다는 것과 있는 모습 그대로 사랑받는 존재라는 자신의 정체성을 깨닫는다. 앞서 말했듯이 아이는 무조건적인 용납을 느껴야 안정감을 얻는다. 다시 말해, 아이가 부모의 자녀로서 자부심을 느끼고, 부모가 자신을 자녀로 용납한다는 것을 인식하면 정체성이 확립된다. 그리고 그런 자부심을 느끼면 이기심 없는 자기애를 가질 수 있다. 그러면 성경의 가르침대로 타인을 제 몸처럼 사랑할 수 있는 정서적 바탕을 갖추게 된다.

아이에게 건강한 자부심을 길러주는 방법

여러 해 동안 나는 자부심이 부족해 고민하는 십 대들의 이메일과 편지를 아주 많이 받았다. 어떤 여학생은 "조시 목사님, 나는 내가 그 사람이었으면 하는 사람이 적어도 20명은 있어요."라고 써 보냈다. 그 여학생은 자존감이 낮은 것이 분명했다. 어떤 남학생은 "나는 외롭고 혼란스러워요. 내 인생은 더는 살 가치가 없는 것 같아요. 매일 밤 울면서 잠들어요. 차라리 죽었으면 좋겠다는 생각이 들 때도 있어요."라고 썼다. 많은 아이가 그렇듯 이런 아이들은 내면의 가치를 느끼지 못한다. 그리고 대개 그 이유는 아이들이 주변의 문화가 퍼뜨리는 신화를 믿기 때문이다. 부모가 아이의 자부심을 길러주려면 다음의 세 가지 잘못된 편견에 적극적으로 맞서야 한다.

* 첫 번째 편견: 외모가 전부다

보기 좋고 매력적인 외모는 현대 문화가 가장 중요하게 여기는 개인의 특징이다. 아이들도 그것을 알고 있다. 아이들은 자신에게 끝없이 묻는다. '내 얼굴이 잘생겼나? 예쁜가?' 아이들의 자부심은 외모에 대한 타인의 칭찬이나 비판에 좌우된다.

모든 것은 유년기에 시작된다. 애석하게도 아이들은 무자비한 태도로 타인의 외모를 평가한다. 혹 당신의 아이가 또래에게 안경쟁이나 코주부, 오리궁둥이 같은 호칭으로 놀림받은 적이 있는가? 그렇다면 아이의 자부심에 흠집이 생겼을 것이다. 아이들에게는 외모와 이미지가 전부인 시기가 있다. 이 신화를 깨뜨릴 수 있는 몇 가지 방법을 소개한다.

아이에게 자신이 아름답고 귀중하며 특별한 존재임을 가르치라. 현재 지구에 살고 있는 70억이 넘는 사람 중에 당신의 아이는 유일한 존재다. 당신이나 당신의 아이와 외모가 똑같은 사람은 아무도 없다. 외모와 신체는 개인의 공로나 과실이 아니다. 하나님이 만드신 신체와 외모를 선물로 여기고 감사히 받아들이라고 아이를 격려하라. 자신의 업적이 아닌 것을 자신이 한 것처럼 자랑스럽게 여겨서는 안 된다. 외모는 누구의 업적도 아니다.

그러나 우리는 건강한 자부심을 가지고 자기 몸을 가꿀 수 있다. 부모는 아이에게 외모를 가꾸는 여러 가지 방법을 가르칠 수 있지만, 무엇보다 아이가 유일무이한 존재라는 놀라운 사실을 반드시 가르쳐야 한다. 개성을 가꾸되 유일무이한 특별한 존재라는 인식을 잃지 말라고 당부하라. 아이는 하나님이 주신 가치와 의미를 깨닫게 될 것이다.

부드러운 눈이 살포시 내리는 겨울 아침, 밖에 나가 눈을 맞아본 적이 있는가? 소매에 앉은 작은 눈송이를 현미경으로 관찰해 보면, 눈송이마다 모양이 독특하다는 것을 발견할 수 있다. 눈송이를 확대한 사진이나 영상은 그 정교한 모양과 구조, 아름다움에 빠져들게 한다. 과학자들은 어떤 눈송이도 모양이 같지 않다고 말한다. 눈송이는 유일무이한 존재다.

당신과 당신의 아이도 하나님이 특별하게 만드신 유일무이한 존재다. 각 사람은 고유하고 특별한 정체성을 가지고 있다. 하나님은 아이들의 내면 깊숙한 곳에 고유한 개성뿐 아니라 특별한 은사와 재능, 열정을 넣어주셨다. 아이가 둘인 부모는 두 아이가 가족이기에 서로 닮았다는 것을 안다. 그러나 세상에 똑같은 아이는 없기에 두 아이가 다르다는 것도 알고 있다. 아이들은 각자의 자질과 개성을 지닌 유일무이한 존재다.

우리는 솔로몬 왕이 기록한 유명한 구절에서, 성경이 아이의 개성을 인정하는 부분을 발견할 수 있다. "마땅히 행할 길을 아이에게 가르치라 그리하면 늙어도 그것을 떠나지 아니하리라"(잠 22:6).

애석하게도 이 구절을 오해하고 오용하는 사람이 많다. 많은 아빠가 이 구절을 '아이와 가정예배를 드리고, 아이를 교회와 주일학교, 기독교 학교에 보내면 아이가 자라서도 신앙을 버리지 않을 것'이라는 뜻으로 이해한다.

그러나 이 구절이 정말 강조하는 것은 아이가 "마땅히 행할 길"이다. 솔로몬은 '아이'의 길, 즉 아이의 성향이나 적성에 대해 말하고 있다. 이 단어에 근거한 이 구절의 본질적인 의미는 아이의 고유한 개성에 맞게 지도하라는 것이다.

잠언 22장에서 사용된 동일한 히브리어 단어가, 시편 두 구절(11:2, 64:3)에서는 궁수가 활을 당긴다는 뜻으로 번역된다. 정밀한 제조가 가능한 오늘날에는 거의 누구나 20킬로그램 무게의 활을 사용하면 과녁을 잘 맞힐 수 있다. 그러나 성경 시대에는 표준이라는 것이 없었다. 궁수는 모두 손수 활을 만들었고, 표적에 적중하려면 활의 고유한 특징을 잘 알아야 했다.

하나님의 말씀은, 아이에게는 타고난 개성이 있고, 부모는 그 개성을 찾아 거기에 맞게 교육해야 한다고 가르친다. 라이리 스터디 성경(Ryrie Study Bible)은 잠언 22장 6절을 이렇게 설명한다.

> "마땅히 행할 길"이라는 구절은 '아이의 길, 즉 아이의 습관과 흥미에 따라서'라는 뜻이다. 아이를 교육할 때는 개성, 성향, 성격, 하나님이 만드신 특별한 방식을 반드시 염두에 두어야 하고, 그 과정은 신체와 정신의 발달단계와 보조가 맞아야 한다.[2]

사도 바울은 이것을 "우리에게 주신 은혜대로 받은 은사가 각각 다르니"(롬 12:6)라는 말로 설명한다. 그리고 은사를 하나하나 열거하며, 하나님이 각자에게 주신 은사와 재능을 관계 속에서 사용하라는 것과, 그것을 사용하는 태도에 관해 당부한다. 우리가 각자 고유한 은사를 받은 것은 분명하다. 이런 개성이 우리의 자부심을 더욱 특별하게 만든다.

아이들은 자신의 개성을 직관적으로 깨닫기도 한다. 그래도 아이의 독특함을 확실히 일깨워주라. 아이들은 각자 분명한 개성을 지니고 있다. 아이들의 지문은 다 다르다. 망막도 다르고, 얼굴과 몸도 조금씩 다르다. 아이가 자신을 특별하게 만드는 개성이 무엇인지 이해할 수 있게 도와주라.

- 하나님은 아이들에게 각기 '특별한 재능'을 주셨고, 아이는 그것으로 다른 사람을 사랑하고 보살필 수 있다. 하나님은 아이의 내면 깊숙한 곳에 선천적인 성향을 넣어주셨는데, 그것이 아이의 고유한 흥미와 재능을 형성한다. 아이는 가족과 더불어 자신만의 재능을 펼쳐야 한다. 아이가 재능을 발견하고 자부심을 느낄 수 있게 도와주라.
- 하나님은 아이들에게 선천적인 기호를 주셨다. 아이들은 활력을 얻고, 정보를 처리하고, 의사결정을 내리는 방식이 저마다 다르다. 이런 것이 아이의 '고유한 개성'을 형성한다. 아이가 자신의 고유한 개성을 발견하고 자부심을 느낄 수 있게 도와주라.
- 하나님은 아이들에게 특정한 '열정'을 주셨다. 아이들은 저마다 강렬하게 느끼고, 열렬히 좋아하고, 이야기하거나 열중할 때 특별한 기쁨을 느끼는 일이 있다. 아이는 그 열정에 따라 인생에서 자기만의 사랑하는 사람이나 장소, 어떤 것을 찾는다. 하나님이 아이에게 주신 열정을 찾아 자부심을 느낄 수 있게 도와주라.

하나님은 당신과 아이를 특별한 존재로 만들어 영광을 받으신다. 그리고 하나님이 하신 일을 사랑하는 것은 마땅하고 옳은 일이다. 하나님이 특별하게 만드셨으니 자신을 사랑하라고 가르치는 것은 이기적인 사람이 되라고 하는 것이 아니다. 우리는 하나님이 만드신 것을 자랑하고, 우리의 개성을 겸손히 기뻐함으로 하나님께 영광 돌려야 한다. "이는 만물이 주에게서 나오고 주로 말미암고 주에게로 돌아감이라 그에게 영광이 세세에 있을지어다 아멘"(롬 11:36).

아이를 고유한 인격체로 대하고, 아이에게 "마땅히 행할 길"을 가르쳐야 함을 알고 있는 부모 밑에서 자란 사람이라면, 틀림없이 오랫동안 자신의 개성과 특별한 재능, 열정을 발견해 왔을 것이다. 그러나 대부분은 자기 정체성을 부분적으로만 알 뿐이며, 자부심도 온전하지 못하다. 그런 자녀의 아빠에게는 아이에게 잠재된 정체성과 자부심을 찾아주는 일도 곤혹스럽다. 그래서 아빠들은 도움을 받아야 한다.

가족이 모여 하나님이 창조하신 자신만의 가치를 발견해 보라. 외모가 전부라는 신화는 신기루처럼 사라질 것이다.

* 두 번째 편견: 성과가 존재의 가치를 결정한다

사실 우리가 살고 있는 문화는 성과를 중요하게 여긴다. 학업 중심 사회에서 아이는 학업의 양과 성적으로 평가받는다. 물론 부모는 아이가 좋은 성적을 받고, 운동을 잘하고, 연주와 발레, 춤 따위의 실력이 출중하기를 바란다. 다만 아이가 성과와 자부심을 혼동하는 것은 원하지 않는다.

중요한 시즌이 시작될 참이었다. 당시 아들 숀은 열두 살이었고, 소년야구리그에 출전할 준비를 마쳤다. 첫 경기 전, 나는 아들과 동료선수들에게 그들이 선수보다 인간으로서 더 가치가 있다는 중요한 교훈을 가르칠 좋은 방법이 떠올랐다. 나는 동네 가게에서 사용할 수 있는 아이스크림 쿠폰 열두 장을 사서 감독에게 가져갔다.

"감독님, 이걸로 아이들에게 아이스크림을 사주세요."

"고맙습니다."

감독은 크게 웃으며 말했다.

"감사합니다. 이렇게 관심을 가져주는 아빠들이 더 많았으면 좋겠습니다. 첫 승리를 거두면 아이들을 데리고 아이스크림을 먹으러 가겠습니다."

"아니요, 감독님."

나는 재빨리 말했다.

"처음으로 '지면' 사주세요."

감독은 나를 이상한 눈으로 쳐다보았다. 내 말은 감독이 생각하는 승패와 보상 개념에 맞지 않았다. 그래서 나는 이유를 설명했다.

"감독님은 어떤지 모르겠지만 나는 성공보다 노력에, 또 노력보다는 하나님의 형상으로 창조된 존재라는 것 때문에 아이들을 더 칭찬해 줍니다. 숀은 하나님의 형상으로 창조되었고, 영원한 가치와 존엄, 의미를 지니고 있다고 믿습니다. 야구와 전혀 무관한 것이죠. 평생 시합에서 한 회도 뛰지 못해도 나는 아들을 가치 있는 인간으로 사랑하고 용납할 겁니다."

감독은 한동안 아무 말 없이 나를 쳐다보았다. 결국 "거참, 별일이군!"이라는 말만 했다. 그리고 내 말대로 하겠다고 약속했다.

시즌이 시작되었고, 숀의 팀은 처음 몇 경기에서 이겼다. 그러나 두세 경기 후 처음으로 경기에서 지자 감독은 약속을 지켰다. 그는 선수들에게 아이스크림 쿠폰을 나누어주었고, 아이들은 모두 패배를 '축하'하러 갔다.

숀은 아이스크림 때문에 적어도 다섯 번은 내게 고맙다고 했다. 더구나 두 주 동안 세 아이가 찾아와 고맙다고 말했다. 제시라는 한 아이는 이렇게 말했다.

"맥도웰 아저씨, 아이스크림 잘 먹었어요. 와! 아저씨는 우리가 이기든 지든 상관없는 거죠? 어쨌든 우리가 훌륭하다고 생각하시는 거죠?"

나는 숀과 동료들에게 그들의 가치는 야구시합의 승패와 상관없다는 것을 말해 주고 싶었다. 그 아이들은 하나님의 형상대로 창조된 존재기에 존엄과 가치, 의미를 지니고 있었다. 더구나 숀의 가치는 그 아이가 내 아들이고 내가 그 아이의 아빠라는 사실에 있었다.

기회가 생길 때마다 아이에게 당신의 귀한 아들 딸임을 말해 주라. 아이의 성과를 칭찬하지 말라는 뜻이 아니다. 마땅히 칭찬해야 한다. 그러나 아이는 성취나 실패가 인간의 가치를 결정하지 않는다는 것을 분명히 알아야 한다.

"성과가 존재의 가치를 결정한다"는 신화를 깨뜨릴 수 있는 가장 좋은 기회는 아이가 성적표를 받아오는 때다. 아이의 성적이 좋으면 이렇게 말해 주라. "열심히 공부해 좋은 성적을 받았구나. 하지만 아빠는 네가 공부를 열심히 해서 널 사랑하거나 존중하는 건 아니야. 네가 좋은 성적을 받지 못해도 아빠는 똑같이 사랑해."

아이에게 성취보다 인간이라는 가치에 초점을 맞춘 말을 해 주라.

- "넌 정말 창의적이야."
- "넌 유머감각이 뛰어나."
- "나는 네 열정이 마음에 들어."
- "넌 정말 마음이 따뜻해."

근면, 성실, 창의력, 용기, 끈기, 인내심 같은 성품을 칭찬하면, 성과가 아닌 존재의 가치를 가르칠 수 있다. 그렇게 할 때 아이는 더 큰 자부심을 느낀다. 아이는 자신을 있는 모습 그대로 사랑하는 법을 배우며, 결국 타인도 사랑할 줄 아는 건강한 아이로 자란다.

* 세 번째 편견: 지위(status)가 있어야 중요한 사람이다

이런 신화는 우리가 '나는 얼마나 중요한 사람인가?'라는 물음에 답할 때 드러난다. 인기가 많고, 멋진 친구들과 어울리고, 유명 브랜드로 치장하고, 반장이 되어야 중요한 사람이라고 생각하는 아이는, 현대 문화가 퍼뜨리는 지위에 대한 신화를 믿고 있는 셈이다. 아이와 어른 가릴 것 없이 대다수는 권력이나 영향력, 지배력이 없으면 자신을 쓸모없는 존재로 여긴다. 그들의 정체성과 자부심은 보란 듯이 성취한 지위의 수에 비례한다. 나는 이것을 '문화적 신분'이라고 부른다. 이 신분을 잃어버리면 그들의 자부심은 바닥으로 떨어진다.

문화적 신분이 우리의 가치를 결정하지 않는 것은, 이런 신분이 자아상의 잘못된 기준이기 때문이다. 대부분의 아이나 어른이 추구하는 문화적 신분은 공허하고 덧없으며 소모적이다. 지금 당장은 동창회 회장이나 농구부 스타가 인기가 많을지 모른다. 그러나 그런 인기는 금방 시들어버린다. 그래서 문화적 신분은 아주 소모적이다. 그 신분을 유지하려면 끝이 없다. 솔로몬 왕은 이런 신분을 유지하기 위해 힘을 쏟는 것은 쓸모없는 일이라고 말했다.

> 나는 그런 젊은이가 왕이 되는 것을 보았다. 그는 가난한 집에서 태어났고, 감옥에도 간 적이 있었지만, 모든 사람들이 왕이 된 그를 따랐다. 그러나 그가 다스리는 무리가 수도 없이 많았지만 이후의 세대는 아무도 그를 좋아하지 않았다. 이것 역시 허무한 일이요, 바람을 잡는 것이다. (전 4:14-16, 쉬운성경)

아이의 가치는 외모나 성취, 문화적 신분에 좌우되는 것이 아니다. 아이를 자신의 형상대로 창조하신 하나님은 아이의 가치를 이미 정해 놓으셨다. 아빠들은 그 가치를 굳건하게 만들어 아이가 자신의 가치를 제 것으로 받아들이도록 지도해야 한다.

개인의 자아상은 주로 그가 가장 중요하다고 믿는 사람의 생각에 의해 결정된다는 말이 있다. 예를 들면, 나는 아내가 내 인생에서 가장 중요한 사람이기에 아내가 내게 사려 깊은 남편이라고 말하면 그 말을 믿는다. 아내가 나를 그런 사람이라고 생각하면 나도 자신을 그런 사람으로 여긴다.

하나님이 이미 우리의 가치에 대해 말씀하셨고, 그분이 우리 인생에서 가장 중요한 분이라면, 우리는 하나님의 평가를 우리의 자아상으로 받아들여야 한다. 예수님은 자신을 영접한 사람들에게 매우 의미 있는 말씀을 하셨다. "아버지께서 나를 사랑하신 것같이 나도 너희를 사랑하였으니 … 내가 이것을 너희에게 이름은 내 기쁨이 너희 안에 있어 너희 기쁨을 충만하게 하려 함이라 … 이제부터는 너희를 종이라 하지 아니하리니 종은 주인이 하는 것을 알지 못함이라 너희를 친구라 하였노니 내가 내 아버지께 들은 것을 다 너희에게 알게 하였음이라 너희가 나를 택한 것이 아니요 내가 너희를 택하여 세웠나니"(요 15:9, 11, 15-16).

예수님의 말씀에 따르면 예수님은 우리를 사랑하시고, 친구로 여기시며, 선택하셨다! 사도 바울은 여기에 몇 가지를 덧붙인다. 다음 구절들이 '이미' 우리에게 이루어졌다는 것을 기억하라. 우리가 무슨 신분을 얻어 받아낸 것이 아니다. 이것은 하나님이 우리에게 하신 말씀이다.

- "찬송하리로다 … 하늘에 속한 모든 신령한 복을 우리에게 주시되" (엡 1:3)
- "우리로 사랑 안에서 그 앞에 거룩하고 흠이 없게 하시려고" (엡 1:4)
- "우리를 예정하사 예수 그리스도로 말미암아 자기의 아들들이 되게 하셨으니" (엡 1:5)
- "그의 피로 말미암아 속량 곧 죄 사함을 받았느니라" (엡 1:7)
- "우리가 예정을 입어 그 안에서 기업이 되었으니" (엡 1:11)
- "그리스도 예수 안에서 함께 하늘에 앉히시니" (엡 2:6)

- "우리는 그가 만드신 바라" (엡 2:10)
- "그리스도 예수 안에서 … 가까워졌느니라" (엡 2:13)
- "어떤 피조물이라도 우리를 … 하나님의 사랑에서 끊을 수 없으리라" (롬 8:39)

우리는 하나님의 자녀다. 하나님이 자녀에 대해 생각하고 말씀하시는 것은 이외에도 많이 있다. 하늘 아버지는 우리의 인생에서 가장 중요한 분이므로, 우리는 이 말씀을 자신의 것으로 믿고 받아들여야 한다. 하나님의 말씀으로 자신의 가치를 굳건히 하라. 우리의 자부심은 건강하고 단단해질 것이다.

당신은 비슷한 방법으로 아이의 가치를 굳건하게 만들 수 있다. 아이가 믿고 있는 문화적 신분의 신화를 유리하게 활용하라. 초점을 문화적 상징에서 당신에게로 옮기라. 당신은 아이의 아빠라는 지위를 가지고 있다. 아이의 하늘 아버지라는 지위를 가지고 계신 하나님을 본받아 아이에게 이런 말을 자주 해주라.

- "아빠는 너 같은 자녀를 둔 것이 자랑스러워."
- "하나님 아버지는 너 같은 자녀가 있는 것을 자랑스러워하셔."
- "하나님이 너를 우리 가족이 되게 해주셔서 정말 기뻐."
- "하나님이 너를 자녀로 삼아주셨어."

- "네가 아빠 말을 듣지 않고 잘못된 행동을 해도 아빠는 널 용서할 거야."
- "하나님은 언제나 너를 용서하셔."
- "세상에 너와 똑같은 사람은 없어. 넌 자랑스러운 내 아이야."
- "넌 하나님의 특별한 작품이야."
- "넌 아빠와 같은 성씨를 가지고 있어. 넌 우리 집안사람이야."
- "넌 예수님의 자녀고 그분의 가족이야."
- "네가 어떤 일을 하든 아빠의 사랑은 변함없어. 너는 언제나 아빠가 사랑하는 자녀야."
- "네가 하나님의 사랑을 받지 못하게 하는 건 하나도 없어."

당신의 아이는 늘 참된 자부심을 인식하고 느낄 수 없을지 모르지만, 당신은 그렇게 할 수 있다. 기회가 생길 때마다 아이가 쓰고 있는 허식과 가면을 뚫고 들어가, 자신이 얼마나 귀중한 존재인지 알려주라. 당신의 자부심을 더욱 기르고 싶다면 내가 쓴 책 『하나님이 보시는 나 내가 보는 나』(*See Yourself as God Sees You*, 생명의말씀사)를 추천한다.

하늘에 계신 하나님 아버지와 아빠가 자신을 얼마나 귀중하게 여기는지 알게 하면, 아이는 조금씩 건강한 자부심을 갖게 된다. 그리고 마침내 이기적이지 않게 자신을 사랑하는 아이로 자란다.

08

아버지의 여섯 번째 약속

하나님의 방법으로 건강한 사랑의 관계 맺는 법을 가르치겠다

결혼식장에서 음악이 연주되자 당신과 가족은 자리에 앉았다. 친척의 결혼식이다. 당신은 아내와 아들, 딸을 데리고 결혼식에 참석했다.

딸이 당신에게 기대며 조용히 말한다.

"아빠, 사라 언니가 오늘 하는 서약은 영원히 변하지 않는 거죠? 그러니까 진짜 사랑한다면 영원히 부부로 사는 거 맞죠?"

당신이 대답하기 전에 옆에서 듣고 있던 아들이 끼어든다.

"바보야, 영원한 사랑이 어딨어? 아무도 영원히 사랑하지는 않아. 그렇죠, 아빠?"

"너한테 말한 거 아니거든, 이 멍청아!"

딸이 쏘아붙인다.

"그러니까 아빠, 나는 나를 진짜 사랑하는 특별한 남자를 만나고 싶어요. 그런데 그게 진짜 영원한 사랑인지 어떻게 알아요?"

"아빠, 누나한테 말해 줘요."

아들이 또 끼어든다.

"영원은 무슨 영원, 너는 5분도 사랑할 남자가 없어."

당신의 아이가 이런 질문을 꼭 이런 식으로 하지는 않을 것이다. 그러나 확실히 언젠가는 참된 사랑의 관계에 대해 묻는 날이 온다. 아이가 어른이 되면 사랑과 인간관계에 대한 관심이 증가한다. 내 딸들에게는 일주일마다 남자친구가 바뀌는 시기가 있었다. 그때가 딸들과 아들에게 참된 사랑에 대해 가르칠 적기였다.

앞서 말했듯이 다른 사람의 안전과 행복, 안녕을 자신의 것처럼 중요하게 여기는 것이 참된 사랑이다. 타인의 유익을 내 유익처럼 여기는, 즉 이웃을 내 몸처럼 사랑하는 사랑의 관계는 건강하다.

그러나 아이가 현대 문화에서 보고 듣고 배우는 사랑은 건강하지 않다. 이기적이고 음란하며 폭력적인 관계가 사랑의 관계로 둔갑하는 경우가 비일비재하다. 그래서 우리는 아이에게 성경적 관점에서 그런 관계의 실상을 똑똑히 보여주어야 한다. 보통 아이가 열 살이 되면 사랑의 행위에 대해 잘못된 생각을 갖는다. 부모는 아이에게 건강한 사랑의 관계를 가르쳐 아이의 잘못된 생각을 바로잡아야 한다. 나는 오랜 기간 성경을 읽으면서 건강한 사랑의 관계에 필요한 다섯 가지 요소를 발견했다. 아이에게 성경의 진리를 가르쳐주면 건강한 인간관계를 형성하는 데 큰 도움을 줄 수 있다.

건강한 사랑의 관계는 하나님의 생각이다

건강한 사랑의 관계를 맺는 것은 인간의 생각이 아니었다. 사랑은 인간이 아니라 하나님이 만드셨다. "하나님은 사랑이시라"(요일 4:16)는 성경구절에는 하나님이 우리를 사랑하신다는 것 그 이상의 뜻이 있다. 하나님은 사랑의 관계가 무엇인지에 대한 의미 그 자체며 본질이다.

성부 성자 성령 삼위일체 하나님은 그 자체로 사랑의 관계가 영원 전부터 존재했음을 보여준다. 하나님은 관계 속에 존재하신다. 성부는 성자를 언제나 무한히 사랑하신다. 성자는 성부를 언제나 영원히 사랑하신다. 성령은 성부와 성자를 영원히 사랑하신다. 하나님은 건강한 사랑의 관계에 대한 절대적 기준을 세우셨다. 삼위일체 하나님 안에는 이렇게 단절 없이 순환하는 완벽한 관계가 언제나 존재한다. 하나님은 우리가 본받아야 할 건강한 관계의 모범이다.

하나님의 형상대로 창조된 우리는 하나님의 사랑을 본받아, 하나님과 사람들을 사랑하는 존재로 지어졌다. 하나님의 사랑은 완벽하며, 하나님은 우리에게 건강한 사랑을 가르치고 싶어하신다. 예수님은 "내가 너희를 사랑한 것같이 너희도 서로 사랑하라"(요 13:34)고 말씀하셨다. 예수님은 건강한 사랑의 관계를 보여주는 모범이다. 예수님의 사랑은 우리를 하나로 묶고, 인생에 기쁨과 의미를 주며, 영원하다. 그것이 우리와 아이가 갈구하는 것, 즉 마음에 평화를 주고, 삶에 의미를 불어넣으며, 우리를 완성하는 사랑의 관계다. 우리는 모두 그런 완벽한 사랑을 원한다. 그리고 그 사랑의 원천은 하나님이다. "하나님은 사랑이시라 사랑 안에 거하는 자는 하나님 안에 거하고 하나님도 그의 안에 거하시느니라 이로써 사랑이 우리에게 온전히 이루어진 것은…"(요일 4:16-17).

건강한 사랑의 관계는 다른 사람을 위한다

성경은 말한다. "사랑은 여기 있으니 우리가 하나님을 사랑한 것이 아니요 하나님이 우리를 사랑하사 우리 죄를 속하기 위하여

화목제물로 그 아들을 보내셨음이라"(요일 4:10). 건강한 사랑의 관계를 다르게 말하면, 다른 사람을 위하는 것이라고 할 수 있다. 화목제물로 세상에 오신 예수님은 자신의 유익을 구하지 않으셨다. 예수님은 우리에게 집중하고 우리의 결핍을 채우셨다. 참된 사랑은 그런 것이다.

두 사람이 서로 상대가 잘되기를 간절히 원해야 참된 사랑의 관계가 유지된다. 사랑은 자기중심적이거나 자기의 유익을 구하지 않는다(고전 13:5). 건강하게 사랑하는 두 사람은 서로 상대의 최선을 추구하고 상대가 다치지 않게 보호한다.

사랑의 관계에 내포된 '다른 사람을 위한다'는 개념은 아이에게 가르치기가 쉽지 않다. 아이들은 선천적으로 자기중심적인 태도를 가지고 있다.

아이가 당신이 들고 있는 장난감을 붙잡고 "내 거야!"라고 당당하게 말하는 것을 본 적이 있는가? 우리는 모두 자신의 것을 가지지 못할 것이라는 불안이나 자신의 것을 향유하지 못할 것이라는 두려움을 느낀다. 그래서 우리는 자연스럽게 소유에 집착하고, 아낌없이 베풀 생각을 하지 않는다. 누군가를 위해 자신을 희생하는 것은 둘째 치고, 장난감을 나누어 쓰거나 시간을 내주는 것조차 처음에는 손해로 느껴진다. 그런데 사실 하나님은 타인에게 베푸는 것을 건강한 관계의 초석으로 만드셨다. 그리고 다른 사람에게 베푸는 것은 결국 자신을 위한 일이다.

예수님은 "주라 그리하면 너희에게 줄 것이니 … 넘치도록 하여 너희에게 안겨 주리라 너희가 헤아리는 그 헤아림으로 너희도 헤아림을 도로 받을 것이니라"(눅 6:38)고 말씀하셨다. 이것은 건강한 사랑의 관계에서 볼 수 있는 호혜의 원칙이다. 우리는 주는 대로 받는다. 다른 사람의 유익을 먼저 생각하고 베푸는 것은 우리에게 손해되는 일이 아니다. 사실 베풂은 만족을 준다.

아들 숀과 샌디에이고 시내에 갔을 때의 일이 생각난다. 우리는 배가 고파 패스트푸드식당에 들러 두 사람이 먹을 수 있는 큼직한 샌드위치를 샀다. 그리고 바깥 벤치에 앉아 샌드위치를 반으로 나누었다. 그때 옆 벤치에 앉아 있던 노숙자처럼 보이는 사람이 눈에 띄었다. 나는 숀을 보고 고갯짓으로 그 남자를 가리키며 조용히 말했다.

"저 아저씨도 배고플 것 같아. 같이 나누어 먹을까?"

"아빠, 나는 정말 배고파요."

"아빠도 그래. 하지만 저 아저씨는 우리보다 더 배고플 거야. 아빠를 믿어. 저 아저씨랑 나누어 먹어도 충분히 배부르게 먹을 수 있어."

숀은 마지못해 고개를 끄덕였다.

그 남자의 이름은 앨런이었다. 나는 앨런에게 샌드위치가 아주

크니 혹시 배고프면 같이 나누어 먹자고 말했다. 앨런은 웃으면서 우리 벤치로 건너와 삼등분한 샌드위치를 같이 먹었다.

이야기해 보니 앨런은 실제로 노숙자였다. 우리는 그의 슬픈 사연을 귀 기울여 들었다. 나는 내 사연을 조금 이야기하면서 내가 어떻게 그리스도인이 되었는지도 말했다. 그리고 앨런과 기도하고 대화를 마쳤다. 그는 누군가의 관심을 받았다는 느낌을 안고 떠났다.

샌디에이고에서 집으로 돌아가는 길에 숀이 말했다.

"아빠, 샌드위치를 삼분의 일밖에 안 먹었는데도 두 개를 먹은 것처럼 배가 불러요. 앨런 아저씨와 샌드위치를 나누어 먹은 건 정말 잘한 것 같아요. 아저씨한테 큰 힘이 되었을 거예요."

나는 그 기회를 놓치지 않았다. 우리가 다른 사람에게 베풀고 우리의 필요에 대해 하나님을 믿으면, 하나님이 언제나 우리를 돌보아주신다고 숀에게 설명했다. 하나님은 세상에서든 천국에서든 우리가 베푼 대로 받는 것을 지켜보신다.

아이가 시간과 물질을 다른 사람에게 베풀도록 가르치라. 어린 아이도 나눔이 주는 큰 보람을 배울 수 있다. 용돈의 일부를 외국의 가난한 아이와 나누는 일은 특히 보람이 크다. 여러 구호단체에는 어린이가 어린이를 돕는 프로그램이 있다. 서로 사진과 편지도 교환한다. 아이가 다른 사람을 돕는 이런 활동에 참여하면 하나님의 사랑을 배울 수 있다.

부모가 아이 앞에서 다른 사람을 생각하는 태도와 행동의 모범을 보이는 것도 중요하다. 당신이 시간과 노력, 물질을 희생한 과거와 현재의 인간관계를 투명하게 보여주라. 베풀고 나서 받은 것이 얼마나 많은지 아이에게 말해 주라. 경험담을 나누면 아이는 더 많이 베풀게 된다. 또 다른 사람을 위하는 태도는 관계를 견고하게 만들어주고, 큰 보람과 만족을 느끼게 한다.

건강한 사랑의 관계는 받은 대로 베푼다

무엇이든 있어야 줄 수 있다. 사랑의 관계에서도 마찬가지다. 우리는 실제로 받은 것을 가지고 베푼다. 사도 요한은 말했다. "사랑은 여기 있으니 우리가 하나님을 사랑한 것이 아니요 하나님이 우리를 사랑하사 … 우리가 사랑함은 그가 먼저 우리를 사랑하셨음이라"(요일 4:10, 19).

다른 사람과 건강한 사랑의 관계를 맺는 힘은, 하나님과 다른 사람에게서 건강한 사랑의 관계를 받아들이는 것에서 나온다. 하나님은 다른 사람을 용서하고, 무조건적으로 용납하고, 한 사람의 세계로 들어가 관심을 보이고, 사랑하고, 이해하라고 말씀하시기 전에, 먼저 친히 우리를 그렇게 사랑하신다. 예를 들면, 사도 바울은

"그러므로 그리스도께서 우리를 받아 하나님께 영광을 돌리심과 같이 너희도 서로 받으라"(롬 15:7)고 말했다. 우리는 그리스도의 용납을 받았기 때문에 다른 사람을 용납한다. 하나님이나 다른 사람과의 관계에서 받은 것이 아주 많기에, 우리도 다른 사람에게 베풀고 건강한 사랑의 관계를 맺을 수 있다.

주변에서 건강한 사랑의 관계를 맺지 못하는 사람들을 생각해 보라. 그들은 과거에 파괴적이고 역기능적인 인간관계를 경험했을 가능성이 크다. 과거에 건강한 사랑을 받았다면 현재와 미래의 인간관계에도 건강한 사랑이 깃들 것이다. 그러나 과거에 문제가 많은 인간관계에서 상처를 받았다면 현재와 미래에도 문제투성이 인간관계에서 상처받을 것이다. 역기능적인 인간관계의 고리는 반드시 끊어야 하는데, 그것은 건강하고 경건한 인간관계를 받아들임으로 시작된다.

앞서 말한 것처럼 나는 문제가 심각한 가정에서 자랐다. 나는 사랑을 주고받는 법을 전혀 몰랐다. 하나님과 자신은 물론 다른 사람과 새롭고 건강한 관계 맺는 법을 배우지 못하면, 미래의 아내나 아이들과의 관계마저 엉망으로 만들 것이 뻔했다.

고등학교를 졸업하고 대학에 입학하면서, 나는 참된 가족의 사랑을 간절히 받고 싶었다. 다행히 나는 사랑이 넘치는 경건한 가족을 만났다. 딕과 샬롯 부부의 가족이었다.

나는 1960년대에 신학대학원에 들어가면서 딕을 만났다. 딕은 동기들보다 나이가 몇 살 더 많은 유부남으로 아이가 넷이었다. 딕은 20대 후반에 그리스도를 영접하고 사역자로 부름받았다. 나는 수강신청하면서 딕을 알게 되었고, 우리는 금방 친해졌다.

이윽고 우리는 아침 6시 30분이나 밤 11시 이후에도 집에 들러 중요한 문제를 상의할 수 있는, 가족과 다름없는 사이가 되었다. 딕은 언제나 기다려주고 친절과 사랑을 베풀었다. 모두 내가 자라면서 배우지 못한 성품이었다.

나는 딕과 샬롯이 아이들과 서로에게 대하는 모습을 보고는 감동받았다. 두 사람은 아이들을 늘 용납하고 칭찬하고 격려하며 자신감과 자부심을 심어주었다. 또 사랑한다고 말하면서 쓰다듬고 자주 안아주었다. 나는 그들과 어울려 지내면서 포옹하는 법을 배웠다. 더구나 두 사람은 언제나 아이들에게 시간을 내주었다. 아이들은 늘 부모와 시간을 보냈다. 아버지와 시간을 보낸 적이 없는 내게는 아주 인상적인 모습이었다.

두 사람이 아이들에게 고맙다고 말하는 모습도 눈에 띄었다. 청소나 쓰레기 치우는 것 같은 아무리 작은 일이라도, 두 사람은 늘 아이들을 칭찬하고 고마워했다. 내 어린 시절을 돌아보았다. 아버지는 내게 일하는 법을 가르쳐주셨다. 그것만큼은 인정할 수 있었다. 그러나 아버지가 내게 고맙다고 말씀하신 적이 있던가? 전혀 기억나지 않았다.

실제로 딕의 가족은 내가 한 번도 가져보지 못한 가족이 되어 주었다. 나는 그들의 사랑을 받고 나 역시 사랑을 베풀면서, 건강한 인간관계가 무엇인지 배웠다. 문제투성이 과거 때문에 힘들어하는 사람이 있다면(우리는 모두 그런 문제가 조금씩 있다), 성경적이고 건강한 인간관계의 의미를 아는 성숙한 부부를 만나 같이 시간을 보내보라. 성숙한 아빠나 할아버지에게 멘토가 되어달라고 부탁하라. 부탁받은 사람에게도 영예로운 일이 될 것이다. 그는 당신에게 사람 대하는 법을 가르쳐줄 것이고, 덕분에 당신은 아이를 더 잘 양육할 수 있을 것이다.

건강한 사랑의 관계는
다른 사람을 보살핀다

성경은 예수님이 품으신 사랑의 마음을 묘사하는 데 '불쌍히 여기시다'라는 표현을 자주 사용한다. 예수님은 두 소경을 보고 불쌍히 여기셨고, 나병 환자를 만났을 때도 불쌍히 여기셨다. 병자와 굶

주린 사람을 보셨을 때도 불쌍히 여기셨다.* 예수님은 사랑의 마음으로 다른 사람을 먼저 생각하셨기에, 그것이 신체적인 것이든 관계적인 것이든 또는 영적인 것이든 그에게 가장 필요한 것을 채워 주셨다. 우리도 사랑의 관계 안에서 다른 사람에게 가장 필요한 것을 주어야 한다.

첫아이가 태어났을 때 아빠가 가장 먼저 알아채는 것은, 아기에게는 주위의 관심을 끄는 힘이 있다는 것이다. 신생아는 목청이 크다. 당신의 아이도 제 목청을 잘 활용했을 것이다. 아기는 부모에게 배고픔을 알리기 위해 우렁차게 운다. 당신과 아내는 아기에게 가장 필요한 먹을 것을 주었을 것이다. 아기가 젖이나 분유를 소화시켰을 때는 그 순간 아기에게 가장 필요한 것, 곧 기저귀를 갈았을 것이다. 아기가 잠들면 아기에게 가장 필요한 안전하고 편안한 잠자리를 마련했을 것이다. 당신은 아이의 신체적 필요를 보살피는 일을 첫날부터 해왔다. 그것이 부모의 사랑이다.

부모의 사랑은 관계도 보살핀다. 신체처럼 관계도 보살필 필요가 있다. 아이의 관계를 보살피면 아이는 다른 사람의 관계를 보살핀다. 이것이 건강한 인간관계다.

나는 딕과 샬롯의 가족에게서 바로 그런 것을 보았다. 그들은

* 마 9:36; 14:14; 15:32; 20:34; 막 1:41; 6:34; 8:2

가족에게 필요한 것이 보이면 즉시 보살펴주었다. 딕과 샬롯은 아이들을 사랑으로 보살폈고, 아이들은 부모의 용납과 칭찬, 애정을 듬뿍 받고 자란 덕분에 부모를 본받아 다른 사람을 보살폈다.

나는 오랫동안 아이들의 관계를 어떻게 보살펴야 하는지 정확히 알지 못했다. 아내나 내 관계에 필요한 것이 무엇인지도 분명하지 않았다. 우리는 앞에서 용납, 칭찬, 인정, 관심, 책임감 같은 필요에 대해 이미 살펴보았다. 성경은 인간관계 돌보는 방법을 적어도 35가지 이상 가르친다. 나는 그 방법을 성경의 '서로서로'라고 부른다. 예를 들면, 성경에는 "너희도 서로 받으라"(롬 15:7), "서로 같이 돌보게 하셨느니라"(고전 12:25), "피차 권면하고"(살전 5:11)와 같은 가르침이 있다. 내 소중한 친구 데이비드 퍼거슨(David Ferguson) 박사는 내게 이런 성경구절을 가르쳐주고, 상대의 관계에서 가장 먼저 보살펴야 할 상위 열 가지 필요 발견하는 방법을 설명해 주었다. 덕분에 나는 아내나 아이들의 관계에서 가장 필요한 것을 구체적으로 보살필 수 있었다.

물론 우리는 인간관계에서 보살펴야 하는 것 전부를 성경에서 찾을 수 있다. 그러나 여기서는 열 가지만 알아보자. 하나씩 읽으면서 아이의 관계에 가장 필요한 것이 무엇인지 성경구절과 함께 생각해 보라. 나는 아빠의 보살핌을 받은 아이가 어떻게 느끼는지 보여주기 위해, 각 항목을 아이의 시점에서 설명할 것이다.

- **용납** 아빠가 나를 무조건적으로 사랑하면 나는 용납받는다고 느낀다. 특히 내 행동이 완벽하지 않았을 때 아빠의 사랑을 받으면 더 그렇다. 내 있는 모습 그대로 사랑받는다는 느낌이 든다(롬 15:7).
- **관심(돌봄)** 아빠가 내 세계로 들어와 관심을 보이면 보살핌받는다는 느낌이 든다(고전 12:25).
- **인정** 아빠가 단지 인간으로서 내게 만족하고 자랑스럽다고 말하면 인정받는다고 느낀다(롬 14:18).
- **칭찬** 아빠가 나를 칭찬하고 내 성취나 노력에 고마워하면 자긍심을 느낀다(고전 11:2).
- **위로(공감)** 내가 마음이 아플 때 아빠가 같이 아파하면 위로를 받는다(고후 1:3-4).
- **응원** 아빠가 내 부담을 같이 지고 고민이나 문제를 도와주면 힘이 난다(갈 6:2).
- **존중** 아빠가 내 생각과 제안을 받아주고 중요한 사람으로 여기면 존중받는다고 느낀다(벧전 2:17).
- **안전** 아빠가 내 상실과 결핍의 두려움을 제거하거나, 어떤 일이 있어도 우리의 관계가 흔들리지 않는다고 말해 주면 안전하다고 느낀다(요일 4:18).
- **애정** 아빠가 사랑한다고 말하고 적절한 신체 접촉을 해주면 친

밀감을 느낀다(롬 12:10).

- **격려** 내가 훌륭한 목표를 이룰 수 있게 아빠가 영감을 주고 독려하면 격려를 받는다(히 10:24).

아이의 관계에서 가장 필요한 것이 무엇인지 알면 정말 기쁘지 않겠는가? 우리는 모두 어느 정도 이런 것이 필요하며, 그 필요를 충족시키는 것은 매우 중요하다. 그러나 각 사람마다 가장 필요한 것의 우선순위가 다르다. 예를 들면, 아들 숀은 존중이 가장 필요한 반면 딸 헤더는 관심이 필요하다. 또 아내는 응원이 가장 필요하고, 나는 칭찬이 필요하다. 자신과 아이, 아내의 관계에서 가장 필요한 것 두세 개를 알고 서로 나누면 정말 유익하다. 가족이 서로 의식적으로 상대의 관계에서 필요한 것을 보살피기 시작하면 감동이 오가게 된다.

당신과 가족에게 가장 필요한 것이 무엇인지 알아볼 수 있는 매우 유용한 도구인 '인간관계 평가서'가 부록에 있다. 데이비드 퍼거슨과 GCN(Great Commandment Network)이 만든 이 평가서는, 당신과 가족의 인간관계에서 가장 필요한 것이 무엇인지 깨닫게 도와주는 훌륭한 도구로서 제 역할을 톡톡히 할 것이다.

나는 다른 사람의 관계에서 필요한 것을 발견하고 돌보는 방법을 아이들에게 가르치고 싶어, 아이들과 함께 아내의 관계를 보살피기로 했다. 그렇게 함으로 나는 아이들에게 모범을 보였고, 아이들에게도 엄마의 필요를 보살필 수 있는 기회를 제공했다. 생일을 예로 들어보자. 당신은 분명히 해마다 아이의 생일을 축하해 줄 것이다. 생일은 아이의 관계에서 가장 필요한 것을 채워줄 수 있는 완벽한 기회다. 아이의 생일을 축하해 줄 때, 당신이 아이의 필요를 채워주고 싶어한다는 것을 아이에게 분명히 알려야 한다. 그렇게 함으로 나중에 엄마의 생일을 축하해 줄 때, 자신이 받은 것처럼 엄마에게도 베풀어야 한다고 아이에게 설명할 수 있다.

나는 아이들을 몰래 불러 아내의 생일잔치를 준비했다. 그리고 아이들에게 "얘들아, 곧 있으면 엄마 생일인데 아빠가 너희 도움이 필요해. 우리가 엄마를 사랑하고 응원한다는 것을 보여줄 수 있는 좋은 방법이 없을까?" 하고 물었다.

한번은 켈리가 말했다.

"엄마가 바다를 좋아하니까 바다로 모시고 가요."

그러자 숀이 말했다.

"좋은 생각이 있어요. 엄마가 스파게티를 좋아하니까 저녁에 스파게티를 만들어요."

케이티도 지지 않고 거들었다.

"더 좋은 생각이 있어요. 저녁에 바닷가로 스파게티 피크닉을 가는 건 어때요?"

나는 아이들에게 각자 생일에 가장 필요한 것을 받았으니 엄마의 생일에도 가장 필요한 것을 주자고 가르쳤기에, 아이들이 그런 식으로 활발히 참여하는 모습을 보자 흐뭇했다. 아이들은 각자 엄마에게 줄 카드에 사랑과 응원의 메시지를 담았다. 나는 아이들에게 엄마의 사랑과 응원을 듬뿍 받았으니 이제 엄마에게 그것을 돌려주자고 말했다.

아이에게 관심(돌봄)을 보이고 용납, 칭찬, 응원, 격려, 존중, 안전, 위로, 인정, 애정을 베풀라. 그러나 거기서 멈추지 말라. 아이가 당신과 함께 엄마의 필요도 똑같이 보살피게 하라. 엄마의 필요를 보살피는 일에 아이의 창의적인 생각을 적극 반영하라.

건강한 사랑의 관계는 선택을 포함한다

아주 오래 전 일이지만 나는 목사님의 말을 지금도 생생하게 기억한다. "조슬린 데이비드는 도로시 앤을 아내로 맞아 기쁠 때나 슬플 때나, 부유할 때나 가난할 때나, 아플 때나 건강할 때나, 죽음이 두 사람을 갈라놓을 때까지 평생 아끼고 사랑할 것을 서약합니까?"

결혼식이 끝난 것은 내 결혼의 끝이 아니었다. 그것은 시작이었다. 사랑의 관계, 특히 결혼은 종착역이 아니다. 결혼은 사랑의 약속으로 봉인한 관계의 여행이다. 누군가를 사랑한다는 것은 선택이다. 나는 아내에게 헌신하기로 선택했고, 그 선택은 아내에게 충실하고 평생 아내를 깊이 사랑하겠다는 의식적인 결정이었다. 아내만을 사랑하겠다는 선택은 성실과 헌신이 부부 사이에서 전부라는 의미다. 물론 모든 인간관계를 평생 지속할 필요는 없다. 여러 가지 이유로 소원해지는 친구들도 있겠지만, 지속적인 관계를 맺고 싶다면 끊임없이 의식적으로 선택해야 한다.

아이에게 사랑은 단지 느낌이나 감정적인 충동이 아님을 가르치라. 사랑은 어떤 상황에서도 떠나지 않겠다는 약속이다. 결혼기념일을 기회로 삼아, 아이에게 결혼은 평생 지켜야 할 관계라고 말해 주라. 때로 결혼기념일을 가족행사로 만들어보라. 아이에게 충실한 결혼생활은 의식적으로 선택하는 것이고, 아빠는 순수한 사랑으로 엄마만을 사랑하기로 늘 선택한다고 말해 주라.

결혼식에 참석할 때 아이를 데리고 가라. 영원한 사랑의 관계는 서로가 상대에게 진실하고 충실하겠다는 선택, 즉 엄숙한 약속으로 지킬 수 있는 것이라고 가르치라. 오늘날 약속은 쉽게 깨지고, 서약은 오래가지 않으며, 관계는 느낌이 있는 동안만 유지되는 것 같다. 그런 결혼은 하나님의 뜻이 아니라고 설명해 주라. 결혼한 부부가 하나님의 신실한 사랑을 본받아 서로 사랑할 때, 결혼은 평생 지속

될 수 있음을 가르쳐주라.

부부가 평생 서로에게 헌신하는 것은 하나님의 뜻이다. 건강한 사랑의 관계는 모두 하나님의 뜻이고, 다른 사람을 위하며, 상대의 필요를 사랑으로 채워준다. 최선을 다해 하나님의 방법으로 건강한 사랑의 관계 맺는 법을 가르치는 것이 아빠의 여섯 번째 약속이다.

09

아버지의 일곱 번째 약속

선악 분별하는 법을 가르치겠다

"애런, 약속하마. 이번만큼은 그동안의 대화와 다를 거다. 아빠는 더는 너한테 고함 지르고 싶지 않다."

갑자기 거실에 침묵이 감돌았다. 애런의 엄마 마시가 코를 훌쩍였다. 아빠 릭은 동네 전자제품 가게에서 물건을 훔쳐 체포된 열일곱 살 난 아들을 훈계하고 있었다.

"아빠는 이유를 알고 싶다."

릭은 아들에게 질문을 던지며 대답을 유도했다.

"절도범으로 체포되고 나니 기분이 어떠냐?"

"모르겠어요."

"죄책감이 드냐?"

"아니요."

"잘못이라는 생각이 들지 않아?"

"네. 그냥 기분이 나빠요."

"왜?"

"몰라요."

"네가 잘못했다는 걸 몰라?"

릭은 아들을 압박했다. 마시는 부자의 대화를 계속 듣고 있었다. 애런의 얼굴과 모습을 가만히 보고 있노라니 문득 낯설게 느껴졌다. 그 얼굴에서, 예전에 잠들기 전 무릎에 누워 동화를 듣던 아이의 모습이 가끔 보이기도 했다. 귀여운 아이였던 애런은 자라면서 부모의 속을 썩였다.

릭의 말을 듣고 있던 애런이 말하기 시작했다.

"왜 아빠는 이걸 큰 잘못이라고 생각하세요?"

애런은 갑자기 대화에 흥미를 보이며 상체를 앞으로 끌어당겼다. 릭은 곤혹스러운 표정을 지었다.

"무슨 말이냐?"

"이게 왜 큰 잘못이냐고요? 나는 시시한 카메라 한 대를 가져갔을 뿐이에요. 그 가게 주인은 나한테 고장 난 비디오카메라를 팔았어요. 그리고 그걸 바꾸어주지도 않았어요. 내가 내 걸 가져간 게 왜 큰 잘못이냐고요?"

"뭐라고?"

릭이 말했다. 애런은 눈을 흘겼다. 그리고 다시 소파에 등을 기대고 팔짱을 꼈다.

"애런."

릭이 불쑥 말했다.

"엄마와 나는 처음부터 너한테 정직한 아이가 되라고 가르쳤다. 물건 훔치는 게 잘못이 아니라고 하니 이만저만 실망한 게 아니다."

"누가 훔쳤다고 그래요?"

애런이 쏘아붙였다.

"난 훔치지 않았어요. 날마다 고객의 호주머니를 터는 건 그 가게라고요. 잡아야 할 사람은 그 사람들이에요."

릭은 안절부절못했다. 슬슬 화가 나기 시작했다.

"그 가게에서 고객한테 무슨 짓을 하든 너는 그 카메라를 가져갈 권리가 없다는 거 너도 잘 알잖아. 애런 마이클, 우리가 널 그렇게 가르쳤냐?"

옆에 앉아 있던 마시가 남편의 노여워하는 음성을 듣고 그의 팔을 꽉 눌렀다.

"이 녀석아."

릭의 음성에는 여전히 노여움이 남아있었다.

"주인이 장사를 어떻게 하든 가게에 돈을 내지 않고 물건을 가져가는 건 잘못이야. 군말할 거 없다."

"왜요?"

애런은 물러서지 않았다.

"그게 무슨 말이냐?"

릭은 쏘아붙였다.

"잘못이라고! 잘못은 잘못이야. 무조건 잘못이라고! 네가 한 행동이 잘못되었다는 건 나도 알고 너도 알아."

애런이 언성을 높였다.

"흥, 아빠는 잘못이라고 생각할지 몰라도 나는 아니에요. 아빠는 아빠 생각이 있고 나는 내 생각이 있어요. 내 친구들은 아무도 내가 잘못했다고 생각하지 않아요. 잘못한 쪽은 그 가게라고요."

애런은 소파에서 일어나 거실에서 나갔다.

"너 이 녀석, 당장 돌아와."

릭이 명령했다.

"축구시합 준비해야 해요."

애런은 계단 위에서 통보하듯 말했다. 마시는 다시 릭의 팔을 지그시 눌렀다.

"이번 대화는 다를 거라고 약속했잖아요."

마시는 침착하게 조용히 말했다. 릭은 의자에 등을 기대고 눈을 감았다. 아들의 도덕개념이 왜 그 모양으로 변했는지 알 길이 없었다.

릭과 마시가 원하는 것은 당신과 나도 원하는 것이다. 즉, 우리는 아이가 옳고 그른 것이 있음을 믿고, 도덕적으로 올바른 선택을 하면서 살기를 바란다. 이 아빠는 아들이 잘못 선택했다는 것을 알고 있지만 아들을 설득할 방법이 없었다. 어떻게 하면 아이가 선악을 바르게 판단해 도덕적으로 올바른 선택을 하도록 가르칠 수 있을까? 아빠들은 그 답을 알고 싶어한다.

우리는 옳은 것과 그른 것이 있음을 본능적으로 알고 있다. 예를 들면, 애런은 학교 사물함에서 누가 자기 축구화를 훔쳐간 것을 알면 부당함을 느낄 것이다. 그러면 도둑에게도 스스로 옳고 그름을 판단할 권리가 있다는 주장 따위는 하지 않을 것이며, 객관적인 법을 적용해 자기 물건을 훔쳐간 것은 부당하다고 말할 것이다. 동시에 자신뿐 아니라 모든 사람이 따라야 한다고 믿는 도덕법을 주장할 것이다.

애런은 전자제품 가게가 자기나 다른 고객을 부당하게 대우했기 때문에 자기 행동이 정당하다고 생각했다. 그래서 애런의 '도덕법'은 절도를 정당하다고 판단했다. 사실 오늘날 대다수의 아이가 상황에 따라서는 훔치거나 거짓말하고 속여도 괜찮다고 믿는다. 아이들에 따르면, 상황이 변하면 잘못된 일도 옳은 일이 된다. 그렇다면 상황에 따라 도덕법이 변한다고 믿는 사람들에게 둘러싸여 있는 아이에게 어떻게 선과 악을 가르쳐야 할까?

진리의 두 기준

현대 문화에는 옳고 그름을 판단하는 두 가지 기준이 있다. 우리가 삶을 보는 관점, 곧 세계관에 영향을 미치는 이 두 기준은 서로 극명하게 다르다.

- 첫째 기준: 하나님이 옳고 그름을 정하시며, 그 기준은 모든 사람에게 적용되고 객관적이며 보편적이다.
- 둘째 기준: 개인이 옳고 그름을 정하며, 그 기준은 주관적이고 상황에 따라 달라진다.

첫째 기준은 중심이 인간이 아니라 하나님이며, 하나님이 만물의 근원이고 만물을 다스리신다고 말한다. 하나님은 진리의 보고, 창조자, 선악의 심판자다.

반면 둘째 기준은 개인이 윤리 문제를 판단한다고 말한다. 개인이 기준이기에 그 기준은 특정인(주관적)과 상황에 좌우된다. 즉, 개인이 선악을 판단하고 결정한다.

기독교 가정에서 자란 아이조차도 대다수가 둘째 기준을 따른다. 당신의 아이가 십 대라면 이런 관점을 가지고 있거나, 적어도 주관적이고 상황적인 기준에 큰 영향을 받고 있을 것이다. 아이에게 첫째 기준을 확실히 심어주고 싶다면, 무엇이 옳은 것을 옳게 만들고 그른 것을 그르게 만드는지 알 수 있게 도와주어야 한다. 그러기 위해서는 선악의 본래 기준을 확립해야 한다.

표준을 정하다

프랑스 파리 부근의 도시 세브르에는 도량형의 기준을 제시하는 기관인 국제도량형국(BIPM) 본부가 있다. 이곳에서 미터법의 표준을 정하고 전 세계에서 믿고 쓸 수 있는 도량형을 제공한다.

가장 정확한 측정을 하고 싶다면 그들이 제시한 표준을 참조할 수 있다. 지금 사용하고 있는 자의 밀리미터 단위가 확실한지 알고 싶다면 국제도량형국의 표준과 비교하면 된다. 또 냉장고의 다이어트콜라 병에 든 콜라가 정확히 2리터인지 알고 싶다면, 국제도량형국의 표준에 맞추어 측정해 볼 수 있다.

내가 당신이 주문한 목재를 잘라서 주었는데, 정확한 길이를 놓고 시비가 붙었다고 하자. 나는 당신에게 1미터짜리 목재를 주었다. 그런데 당신은 그것이 1미터보다 짧다고 말한다. 누가 옳은지 어떻게 판단할 수 있을까? 표준을 참조하면 된다. 세브르에는 객관적이고 보편적인 측정 기준이 있다. 우리는 누구의 측정이 옳은지 판단할 때 표준을 적용하기만 하면 된다.

아이에게도 기준이 필요하다. 보편적으로 옳고 그름을 판단하는 기준, 즉 상충하는 도덕적 주장을 해결할 수 있는 표준이 우리 외부에 존재한다는 것을 아이는 확실히 깨달아야 한다.

우리가 길이를 잴 때 반드시 해야 할 일이 있듯이, 선악을 판단할 때도 반드시 해야 할 일이 있다. 무엇이 옳은지 결정할 때, 우리는 '이것이 진리와 얼마나 일치하는가'를 물어야 한다. 이 과정에서 처음 해야 할 일은 옳다고 생각하는 것을 기준에 맞추어보는 것이다. 웹스터 사전은, 부분적으로 진리란 '표준이나 기준에 정확히 일치하는 것'이라고 정의한다. 문제는 표준이 무엇 또는 누구인가 하는 것이다.

이 지점에서 우리는 하나님에 대해 이야기해야 한다. 하나님 없이 객관적이고 보편적인 도덕 기준에 도달하기란 불가능하기 때문이다. 진리와 도덕의 객관적 기준이 존재한다면, 그것은 인간이 만들어낸 것이 아니어야 한다. 그렇지 않으면 객관적이지 않다. 인간이 아닌 다른 존재가 만든 기준이 있어야 한다. 선악의 보편적인 척도가 존재한다면, 그것은 개인의 경험을 초월하는 것이어야 한다. 그렇지 않으면 보편적이지 않다. 그 척도는 우리를 능가하는 것이어야 한다. 또 보편적인 진리는 모든 인류와 만물에 공통적으로 적용할 수 있는 무엇 또는 누구여야 한다.

그런 진리와 도덕의 기준을 충족할 수 있는 분은 오직 하나님 한 분밖에 없다. 하나님은 놀라울 정도로 거룩한 분이며(6장 참조), 모든 진리의 근원이다. 모세는 하나님을 이렇게 말했다. "그는 반석이시니 그가 하신 일이 완전하고 … 진실하고 거짓이 없으신 하나님이시니 공의로우시고 바르시도다"(신 32:4). 진리와 옳고 그름을 결정하는 것은 하나님의 본질과 성품이다. 하나님은 모든 시간과 모든 장소에서 모든 사람에게 옳은 것을 정하신다. 그러나 진리는 하나님의 결정이 아니라 하나님 '자체'다.

우리가 도덕적이라고 말하는 모든 것의 기초, 즉 모든 선한 것의 근원은 우리 외부에 계시고, 위에 계시며, 우리를 초월하는 영원한 하나님이다. 사도 야고보는 이렇게 썼다. "온갖 좋은 은사와 온전한 선물이 다 위로부터 빛들의 아버지께로부터 내려오나니 그는 변함도 없으시고 회전하는 그림자도 없으시니라"(약 1:17).

앞에서 소개한 릭과 같은 부모가 아주 많다. 그들은 '잘못은 잘못이야. 무조건 잘못이라고!' 하는 식으로 생각한다. 그러나 아이에게 이런 논리로 선악을 가르치는 것은 아무 소용이 없다. 우리는 성경이 말하는 탄탄한 논리로 아이를 가르쳐야 한다. 부모가 어떤 일을 옳거나 그르다고 생각하는 것은, 창조주 여호와 하나님이 존재하시고 그분이 정의로운 하나님이기 때문이라는 것을, 아이가 이해할 수 있게 가르쳐야 한다.

우리가 '정의'와 '불의'가 있다고 생각하는 것은 창조주가 '의로운' 하나님이기 때문이다. 사랑이 선하고 증오가 악한 이유는, 우리를 창조하신 하나님이 '사랑'의 하나님이기 때문이다. 정직한 것이 옳고 속이는 것이 잘못임은, 하나님이 '진실'하시기 때문이다. 순결이 도덕적이고 음란이 부도덕한 것은, 하나님이 '순결'하고 '신실'하시기 때문이다.

진짜와 가짜, 사실과 오류, 도덕적인 것과 부도덕한 것을 구분하지 못하는 아이가 많은 것은, 자신의 태도와 행동을 표준에 맞추어보지 않기 때문이다. 우리는 만물의 중심에 계시는 하나님에게서 멀리 떨어져 있는 문화의 영향을 받았다. 우리의 문화는 진리의 근원을 거부하고, 스스로 선악의 기준을 세웠다.

아들의 "왜?"라는 질문에 대한 릭의 빈약한 대응은, 하나님의 성품이 아닌 자신의 생각을 선악의 기준으로 정한 사람의 전형적인 자세다. "네가 한 행동이 잘못되었다는 건 나도 알고 너도 알아!"라고 말하는 것으로는 부족하다. 잘못의 기준은 '내'가 아는 것도 '당신'이 아는 것도 아니다. 기준은 바로 '하나님의 성품'이다.

아이의 사고를 자극하라

아이들이 십 대였을 때, 나는 아이들의 사고력을 훈련시키기 위해 습관적으로 함께 토론했다. 여행에서 돌아올 때면 종종 아침에 아이들과 함께 외식했는데, 식당으로 가는 길에(또는 베이컨과 달걀을 먹는 동안) 나는 도덕적인 판단을 내려야 하는 상황을 가정해 제시했다. 그리고 하나님의 성품과 법도에 따라 어떤 행동을 해야 하는지 아이들과 토론했다. 목적은 도전적인 문제로 아이들의 사고를 자극하고, 도덕은 하나님 때문에 도덕임을 일깨우는 것이었다.

먼저 우리는 어떤 율법이나 계명을 적용해야 할지 정해야 했지만, 그보다 그 율법이 실제로 어떻게 하나님의 성품에서 나와 발전했고, 거기에 하나님의 사랑과 관심이 얼마나 나타나 있는지 알아보는 것이 더 중요했다. 나는 아이들이 우리가 지키는 율법이 아니라 하나님을 가까이 느끼고, 모든 시간과 장소, 사람에게 보편적으로 올바른 진리라는 객관적인 근거로 옳고 그름을 판단할 수 있게 도와주고 싶었다.

어느 날 나는 열세 살 된 딸과 열일곱 살 된 아들, 그리고 아들의 여자친구와 함께 스티븐 스필버그 감독의 1993년도 작품 〈쉰들러 리스트〉를 보러 갔다. 모두 그 영화에 대해 이야기하던 때였다. 작품상과 감독상을 비롯해 일곱 부문에서 아카데미상을 수상한 이 영화는, 나치가 대학살을 일으키는 동안 폴란드 계 유대인이 대부분인 난민 천 명 이상의 목숨을 구한 독일인 기업가 오스카 쉰들러에 관한 이야기다.

우리는 나치의 유대인 대학살에 대해 열변을 토하는 사람들 틈에 끼어 극장을 나섰다. 나는 숀에게 물었다.

"숀, 유대인 대학살이 도덕적으로 잘못된 일이라고 믿니?"

숀은 즉시 대답했다.

"네."

나는 저녁을 먹으러 가기 위해 차에 오르면서 그 대화를 계속 이어갔다.

"극장에서 나오는 거의 모든 사람이 유대인 대학살을 잘못된 일이라고 말할 거야. 그런데 무슨 근거로 그런 판단을 내리는 걸까? 그들은 그게 '왜' 잘못된 일인지 설명할 수 있을까?"

세 아이의 머리가 바쁘게 돌아가는 것 같았다.

"대다수의 미국인이 이른바 '문화적 윤리'라는 도덕을 믿어. 쉽게 말하면 그 문화에서 용납할 수 있는 것은 무엇이든 도덕적이라고 믿는다는 뜻이야. 다수가 '옳다'고 말하면 옳은 것이 되지."

그 말을 할 때쯤 우리는 식당에 도착했고, 저녁을 먹으면서 토론을 이어갔다.

"그래서 미국인들이 낙태를 허용하는 거야. 대다수의 미국인과

국회, 대법원이 낙태를 받아들였기 때문이지. 다수가 괜찮다고 생각하면 괜찮은 거야. 그렇지? 하지만 여기에는 문제가 있어. 그게 사실이라면 유대인 육백만 명의 목숨을 '지우는' 걸 어떻게 잘못이라고 할 수 있겠니? 사실 나치들은 뉘른베르크 재판에서 바로 그 논리로 자신을 변호했어. 그들은 '우리는 우리 문화에서 허용하는 대로 행동했을 뿐인데 다른 문화에서 온 사람들이 어떻게 우리 행동을 심판할 수 있단 말인가?' 하며 반론을 펼쳤지. 판사는 판결을 내리면서 선악을 결정하는 것은 문화를 초월하고 문화 위에 있다고 말했어."

나는 또 현대인들이 도덕이라고 말하는 것은 대부분 실용주의에 불과하다고 설명했다.

"사람들은 '나치들의 만행을 심판하지 않으면 우리도 그런 일을 겪지 않으리라고 누가 보장하겠는가?'라는 논리로 생각하지. 물론 맞아. 그러나 그들은 객관적인 도덕이 필요하다는 것은 알지만 참된 도덕이 무엇인지는 모르고 있어. 그건 표준을 거부하기 때문이야."

토론은 두 시간가량 이어졌다. 마침내 나는 아이들을 일깨울 때가 되었다고 생각했다.

"오늘 저녁에 너희가 본 사건이 '왜' 잘못된 일인지 알아?"

숀이 과감하게 대답했다.

"잘못되었다는 건 알아요. 하지만 왜 그런지는 모르겠어요."

"진리는 자신의 외부에, 우리 가족 위에, 그리고 어떤 사람보다도 높은 곳에 있어. 살인을 금하는 진리는 하나님이 말씀하신 거야. 하나님 자신이 살아계시고, 생명을 주고 지키시며, 생명이 '선하다'고 말씀하시고, 생명을 지키고 살인하지 말라고 명령하셨기 때문에 살인은 잘못이야."

그날 밤 나는 아이들에게 생명을 주시는 분은 하나님이고, 하나님은 생명을 주기도 하고 취하기도 하신다는 진리를 똑똑히 가르쳤다. 하나님을 기준으로 삼지 않으면 보편적인 도덕은 존재할 수 없다.

선악을 분별하는 '4C 과정'

내가 아이들과 토론할 때 사용한 추론은 다른 모든 윤리 문제에도 적용할 수 있다. 앞에서 말한 것처럼 하나님이 진실한 분이기에 사기와 절도는 잘못이다. 하나님이 의로운 분이기에 정의는 옳다. 하나님이 사랑이기에 미움은 잘못이다. 하나님이 은혜로운 분이기에 용서는 옳다. 하나님이 신실하고 순결한 분이기에 성적 부도덕은 잘못이다. 이런 문제에서 옳고 그름은 사회와 교회가 동의하거나 반대해서가 아니라, 하나님의 본질과 성품에 일치하거나 어긋나기 때문이다.

아이들과 〈쉰들러 리스트〉에 대해 토론한 일이 있고서 2년 뒤, 나는 '시시비비'(Right from Wrong)라는 캠페인을 시작했다. 캠페인을 하는 동안 나는 같이 일하는 출판팀과 함께, 도덕적으로 옳고 그름을 분별하는 법을 아이들에게 쉽게 가르칠 수 있는 방법을 만들었다. 우리는 그 방법을 '4C 과정'이라 불렀다. 아이들에게 정말 옳고 그른 것을 분별하도록 가르치는 이 방법은 이미 수십만 가정에서 사용되었고, 지금도 널리 활용되고 있다.

이 방법을 릭과 애런의 문제에 적용해, 애런이 실제로 양심불량의 전자제품 가게에서 물건을 훔치기 전에, 그런 행동이 잘못이라는 것을 릭이 애런에게 어떻게 가르칠 수 있었을지 알아보자.

4C 과정은 다음과 같은 네 가지 의사결정 단계를 거친다.

1. 무엇을 선택할지 검토한다(consider).
2. 선택한 것을 하나님과 비교한다(compare).
3. 하나님의 방법에 순종한다(commit).
4. 하나님의 보호와 공급을 믿는다(count).

* 무엇을 선택할지 검토한다

우리는 하루에도 수십 가지를 선택한다. 대부분은 거의 자동적이다. 아침에 몇 시에 일어날지, 어떤 옷을 입을지, 무슨 음식을 먹을지, 어느 길로 출근하거나 등교할지, 어디에 주차할지 등을 선택한다. 이런 것은 시간을 끌지 않고 바로 결정한다.

그러나 도덕적인 선택을 해야 하는 순간에는 잠시 멈추어 서서, 자신이 중요한 갈림길에 서 있음을 깨달아야 한다. 어른들의 경우에는 누군가를 속이거나 바람피우는 문제, 아이들의 경우에는 친구의 답안지를 '베껴' 점수를 올리는 문제에서, 우리는 행동의 중대성에 대해 깊이 생각하지 않고 결정을 내리는 경우가 많다. 도덕적으로 올바른 일을 선택하려면 우선 자신의 결정이 옳을 수도 있고 잘못될 수도 있다는 것을 깊이 생각해야 한다.

애런이 아빠에게 고장 난 비디오카메라를 구입한 사실과 가게의 부당한 사후조치에 대해 미리 말했다고 가정해 보자. 릭은 4C 과정을 사용해, 고객을 속이는 가게에서 카메라를 훔치는 행동이 잘못이라는 것을 아들에게 어떻게 가르칠 수 있을까?

속이 상한 애런이 말한다. "아빠, 고장 난 카메라를 가지고 갔지만 직원이 돈을 추가로 내지 않으면 고쳐주지 않겠다고 했어요. 직원은 내가 고장을 냈다고 우기지만, 내가 고장 낸 게 아니에요. 나는 직원이 보지 않을 때 새 것으로 바꾸어가고 싶었어요. 가게에서 배상해야 된다고요, 아빠."

"그래, 네 말이 맞다. 그들이 잘못했어. 하지만 지금은 어떤 선택을 할지 깊이 생각해야 할 때야. 넌 옳은 선택을 할 수도 있고 잘못된 선택을 할 수도 있어. 선택에는 책임이 따르기에 넌 옳은 선택을 해야 해."

✱ 선택한 것을 하나님께 비추어본다

아주 오래 전 최초의 인간은 자신이 선택한 것을 하나님께 비추어보지 않아 잘못된 결정을 내렸다. 하와는 자신의 선택이 옳은지 그른지 심사숙고하는 것처럼 보인다. 그러나 하와는 스스로 선택한 것을 하나님께 비추어보지 않았다. 건강한 인간관계에서는 무엇을 결정할 때 상대를 생각한다. 이 경우 하와는 하나님이 진심으로 하와 자신의 유익을 위해 특정한 열매를 먹지 못하게 하셨다고 믿었을까, 아니면 하나님처럼 되지 못하게 하려고 이기적인 마음으로 속이고 계시다고 믿었을까?

하와는 하나님을 생각하지 않았고, 자신의 태도와 행동을 하나님께 비추어보지 않았다. 하와는 자신이 선택한 것을 하나님의 계명에 비추어보아야 했다. 계명은 사실 하와의 유익을 위한 것이었다. 하와는 선의 보편적 기준이 자신이 아니라 하나님이라는 것을 믿어야 했다.

릭은 이런 방법을 사용해 애런에게 말해 줄 수 있었다.

“아빠도 부당하다는 거 알아. 그 가게는 불량 카메라를 팔고도 책임을 회피했어. 사실 그 가게는 정직하지 않아.”

“아빠 말이 맞아요. 이번만큼은 아빠가 옳아요.”

릭은 웃으며 말한다.

“그 가게가 거짓말하고 책임을 회피하니까, 우리가 죄를 물어도 정당하다고 말할 수 있을 거야. 그리고 우리가 받아낼 거니까 가져가도 괜찮다고 생각할 수도 있겠지?”

“맞아요. 게다가 가게에는 카메라가 너무 많아 하나쯤 없어져도 모를 거예요.”

“겉으로 보기엔 아주 좋은 생각 같아. 하지만 우리는 지금 무엇이 정직이고 거짓인지 정하시는 하나님을 보지 않고 ‘우리’가 옳다 생각하는 것으로 도둑질을 정당화하고 있어.”

릭은 지금 아들에게 정직의 본래 기준을 가르치고 있다. 애런은 받을 것이 있는 상대의 물건을 훔치는 것은 잘못이 아니라고 합리화했다. 그러나 우리가 이런 식으로 자신을 정당화하는 것은, 주권적 권위자로서 자신의 본질과 성품에 기초해 선악의 기준을 정하시는 하나님의 역할을 침해하는 행위다. 하나님은 말씀하신다.

- 도둑질하지 말며
- 속이지 말며
- 서로 거짓말하지 말며
- 네 이웃을 억압하지 말며 착취하지 말며 (레 19:11-13)

정직하라는 하나님의 계명은 하나님의 본질에서 나온 것이며, 하나님의 본질은 진실하고 의롭다. 성경은 "사람은 다 거짓되되 오직 하나님은 참되시다"(롬 3:4)고 말한다. 하나님은 본질적으로 참된 하나님이며, 그것이 "하나님이 거짓말을 하실 수 없는"(히 6:18) 이유다.

그래서 우리는 자신을 하나님과 비교하면 하나님이 주권자고, 정직을 비롯한 모든 도덕적 행동에 대한 선악의 기준을 정하시는 분임을 인정하게 된다. 하나님의 성품에 비추어 내리는 도덕적 결정은 수정처럼 깨끗하다. 우리는 거짓말을 일삼는 장사꾼에게 속더라도 정직하게 행동해야 한다.

✻ 하나님의 방법에 순종한다

하나님의 방법에 순종하는 것은, 말은 쉽지만 실천하기는 어렵다. 이것은 자기 인생의 주인이 자신이 아니라 하나님임을 받아들여야 한다는 뜻이다. '내게 옳은 것'을 선택하라는 현대적 개념은 자신을 주인의 자리에 앉히기 때문에 좋아하는 사람이 많다. 그 개념은 하나님의 본질과 성품에서 얼마나 벗어나든 상관없이 우리의 태도와 행동을 정당화할 수 있다. 스스로 도덕을 결정할 수 있다고 생각하면 자유와 힘을 느끼게 된다. 그래서 그것은 거부하기가 쉽지 않다.

"애런, 가게에서 카메라를 훔치면 정의가 실현되는 것처럼 느껴질지도 몰라. 하지만 하나님이 정하신 정직의 기준에 어긋나는 것은 절대 정의롭지 않아. 직원들이 보지 않을 때 네 것이라고 생각하는 것을 가져가는 건 도둑질이고 여전히 잘못이야. 그러면 너 스스로 판사와 배심원, 검사가 되는 셈인데, 그건 하나님이 하실 일이야. 하나님은 '내가 악한 사람에게 벌을 내리고 죄인에게 죄를 물을 것이다.'(신 32:35, 쉬운성경)라고 말씀하셨어. 또 '사람들이 너에게 나쁜 일을 했다 해도, 복수를 하거나 앙심을 품지 말고'(레 19:18, 쉬운성경)라고도 말씀하셨지."

"하지만 아빠, 그건 여전히 부당해요."

"그래, 부당하지. 하지만 인생에는 부당한 일이 많아. 우리는 하나님께 맡겨야 해. 예를 들면, 예수님은 분명히 부당한 대우를 받으셨지만 성경은 예수님에 대해 이렇게 말하고 있어. '욕을 당하시되 맞대어 욕하지 아니하시고 고난을 당하시되 위협하지 아니하시고 오직 공의로 심판하시는 이에게 부탁하시며'(벧전 2:23)."

이어서 릭이 덧붙인다.

"그리고 너는 하나님이 하실 일을 믿어도 돼. 하나님은 올바른 것을 선택한 널 높여주실 거고, 전자제품 가게의 앞날은 주인이 책임져야 할 거야. 성경도 '의를 위하여 고난을 받으면 복 있는 자'(벧전 3:14)라고 말하고 있어."

✱ 하나님의 보호와 공급을 믿는다

우리가 하나님의 주권을 겸손히 받아들이고, 사랑하는 마음으로 하나님을 기쁘시게 하면, 선악을 명확히 분별할 수 있을 뿐 아니라 하나님의 보호와 공급을 믿을 수 있다.

이것은 만사가 잘될 것이라는 뜻이 아니다. 사실 하나님은 우리가 의를 위해 고난받을 것이라고 솔직하게 말씀하신다. 그러나 고난에는 상이 따른다. 하나님의 방법을 따르면 정죄에서 해방된 자유, 깨끗한 양심, 하나님의 웃음을 보는 기쁨 같은 영적인 복이 뒤따른다.

하나님의 방법에 순종하면 신체적, 감정적, 정신적, 관계적인 면에서도 많은 복을 받는다. 물론 하나님의 보호하심과 공급하심을 받기 위해 순종하는 것은 잘못이다. 우리는 하나님을 사랑하고 믿기 때문에 순종해야 한다. 그러나 순종하고 받는 실제적이고 영적인 복은 분명 옳은 일을 선택하고 악을 거부한 것에 대한 큰 보상이다.

릭은 애런에게, 정직한 사람은 하나님의 기준에 따라 적어도 네 가지 단계에서 하나님께 보호받고 공급받는다는 것을 가르쳐줄 수 있었다. 정직한 사람이 받는 보호와 공급은 다음과 같다.

- 죄의 영향에서 보호받고, 깨끗한 양심으로 하나님과 막힘없이 교제한다.
- 수치심에서 보호받고, 성취감을 느낀다.
- 서로 속이는 관계에서 보호받고, 정직한 사람이라는 평판을 얻는다.
- 인간관계가 깨지는 것에서 보호받고, 신뢰의 관계를 맺는다.

인생에서 올바른 선택을 할 수 있는 비결이 있다면, 하나님은 언제나 우리의 유익을 생각하신다는 깊은 확신을 잃지 않는 것이다. 하나님은 선하시고, 하나님의 사랑은 우리의 이해를 초월한다는 사실을 자녀의 마음에 심어주라. 자녀가 그 사실을 진심으로 믿으면 정직하고, 성적으로 순결하고, 다른 사람을 사랑하고, 존중하고, 은혜를 베풀고, 용서하고, 자제력을 발휘하라는 하나님의 말씀에 순종할 수 있다.

순종은 의무를 다하고 도리를 지키는 차원이 아니다. 순종은 우리를 '질투하기까지 사랑하시는 하나님'(출 34:14)을 사랑하는 것이다. 아빠인 당신이 먼저 이 진리를 믿고 아이에게 가르치라.

10

아버지의 여덟 번째 약속

하나님이 정하신 성(性) 존중하는 법을 가르치겠다

어떤 사람이 내 어깨를 톡톡 두드렸다.

"맥도웰 선생님, 말씀 잘 들었어요. 이런 말씀은 어디서도 들어본 적이 없어요."

내가 "성에 관한 명백한 사실"이라는 제목으로 세미나를 마친 뒤 찾아온 그 엄마는, 그날 배운 것을 적용하겠다고 말했다.

"아들과 '대화'를 해보라고 남편에게 말해야겠어요."

나는 짐짓 차분하게 물었다.

"아드님이 몇 살인가요?"

"열세 살이에요."

나는 내심 놀랐지만 티를 내지는 않았다.

"지금껏 아드님과 성에 관해 이야기해 본 적이 없다는 말씀인가요?"

"아, 네 … 그럴 기회가 없었어요."

성에 관한 '거창한 대화'는 옛날 방식이다. 처음부터 그렇게 접근해서는 안 된다. 《가족문제 저널》(*Journal of Family Issues*)에 의하면 지난 한 해 엄마와 성에 대해 '유익한 대화'를 했다고 느끼는 청소년은 절반 정도고, 아빠와 그런 대화를 했다고 느끼는 청소년은 3분의 1에 불과하다.[1]

아빠들이여, 성 문제는 아이에게 '거창한 대화'로 가르칠 수 있는 것이 아니다. 오히려 수시로 조금씩 가르쳐야 한다. 문제와 기회가 생기면 바로 처리하라. 아이들은 짧은 대화가 아니면 받아들이지 못하거나 이해하지 못한다. 그리고 '거창한 대화'는 아주 쉽게 잊어버린다.

최고의 성교육은 여기서 30초, 저기서 1분, 여기서 10초, 저기서 2분 45초 식으로 짧게 하는 것이다. 시기는 빠를수록 좋다. 기회가 생기면 나서서 가르치고 뒤로 물러나는 것이다. 야단스럽게 할 필요가 없다. 아내와 내가 아이들과 성에 대해 나누는 대화의 절반 정도는 2분을 넘지 않는다.

아이들은 성에 대해 단계적으로 이야기한다. 모든 것을 한 번에 이야기하는 경우는 매우 드물다. 부모가 아이와 계속 대화하면서 지내면 아이는 성장하면서 마음을 털어놓는다. 그러나 매우 적절하지 못한 때와 장소에서 성에 대해 말할 때가 많기 때문에 부모는 마음의 준비를 하고 있어야 한다.

성인이 된 아들 숀은 말한다. "나는 언제부터 부모님과 성에 대해 이야기하기 시작했는지 기억나지 않는다. 부모님과 그런 이야기를 하는 게 아주 자연스러워서 그런 것 같다. 우리가 항상 성에 대해 이야기한 건 아니지만, 저녁을 먹거나 차를 타고 어딜 갈 때 또는 잠자기 전에 대화 중 그런 주제가 나오면 우리는 늘 아무렇지 않게 이야기했다. 그것은 다른 것처럼 평범하게 이야기할 수 있는 주제였다. 그래서 우리는 '거창한 대화'를 거창하게 한 적이 없다."[2]

성의 목적을 설명하라

거창한 대화 한 번으로 성교육을 해결할 수 없다면 대체 무슨 말을 소소하게 해야 할까? 아이가 하나님이 정하신 성의 목적을 존중하기 원하는 아빠는 아이에게 성의 본질을 알려주고 싶어한다. 그래서 아이에게 성에 대한 하나님의 목적을 가르친다.

* 성은 한 몸을 이루는 것이다

아이들은 머지않아 이성에 눈을 뜬다. 하나님은 남자와 여자가 서로 자연스럽게 매력을 느끼게 만드셨다. 성경은 "이러므로 남자가 부모를 떠나 그의 아내와 합하여 둘이 한 몸을 이룰지로다"(창 2:24)라고 말한다. 우리가 친밀한 관계를 갈망하고 필요로 하는 것은 한 분이신 하나님의 형상대로 창조되었기 때문이다(신 6:4). 결혼과 부부의 성은 하나님의 일체와 일치의 성품을 반영한다. 성은 하나님이 주신 아름다운 선물이고, 인간은 성을 통해 친밀한 사랑의 관계를 맺을 수 있다.

어떤 남자들은 어릴 때부터 '성'은 불결한 단어라고 믿으며 자라왔다. 그리고 그 왜곡된 견해를 간직한 채 결혼한다. 그런 남자는 어떻게 '불결한' 것으로 아내와 친밀한 관계를 맺을 수 있는지 이해하지 못한다. 그러나 그것이 바로 하나님이 정하신 성의 목적이다.

이 사실은 생물학적 차원에서도 증명되었다. 과학자들은 '포옹 호르몬'이라는 별명이 붙은 '옥시토신' 호르몬을 발견했다. 옥시토신은 전희와 성행위를 하는 동안 뇌에서 분비되는 화학물질이다. 이 물질이 분비되면 배려와 신뢰, 깊은 애정을 강하게 느낀다. 그러나 육체적인 성행위 자체가 친밀감을 주는 것은 아니다. 인간의 성은 신체, 감정, 영혼, 관계의 전인적인 모든 면과 관련 있다. 그래서 성은 인간의 모든 면을 이어준다.

그러나 아이들은 성에 대해 정확하게 알지 못한다. 단순히 이성과 육체적인 친밀감을 느낄 수 있는 행위라고 생각하는 아이가 많다. 물론 잠시나마 그런 친밀감을 느낄 수는 있지만, 성의 진정한 목적은 영적으로나 감정적, 관계적으로 부부를 평생 하나로 만들어 주는 것이다. 그래서 예수님은 "그런즉 이제 둘이 아니요 한 몸이니 그러므로 하나님이 짝지어 주신 것을 사람이 나누지 못할지니라"(마 19:6)고 말씀하셨다. 따라서 남자든 여자든 평생 친밀한 관계에 헌신할 준비를 마치지 못했다면, 그런 목적을 이루기 위한 행위를 해서는 안 된다.

이성 간에 매력을 느끼는 성은 배우자와 친밀하게 결속할 수 있는 하나님의 아름다운 선물이다. 아빠는 아이에게 이 사실을 분명하게 가르쳐야 한다. 성을 오용하고 하나님의 목적을 악용하는 사람들도 있지만, 그렇다고 성이 불결한 것은 아니다. 파괴적인 문화가 아름다운 뭔가를 왜곡했다는 것 때문에 그것이 불결한 것인 듯 행동해서는 안 된다. 성과 인간의 성욕을 하나님이 정하신 기준으로 높이자. 결국 성은 하나님이 주신 것이기 때문이다. 하나님은 인간을 성적인 존재로 창조하셨다.

* 성은 성적 만족을 위한 것이다

하나님은 한 남자와 여자가 평생 영적, 감정적, 관계적, 신체적으로 깊이 결속할 수 있도록 성을 창조하셨다. 그러나 하나님은 성을 일회성 행사로 정하지 않으셨다. 성적 본능은 식욕처럼 자주 느낄 수 있고, 심지어 식욕보다 더할 수도 있다.

친밀감은 성에서 매우 중요한 요소지만, 부부는 성을 통해 만족을 누리기도 한다. 성은 평생 서로 사랑하기로 헌신한 부부가 누리는 기쁨이다.

하나님이 성적 만족을 허락하셨다는 사실을 적절한 방법으로 아이에게 가르치라. 나는 아이들에게 엄마와 아빠가 성적 만족을 누린다는 것을 밝혔다. 물론 아이들은 부모의 성행위를 상상하고 싶어하지 않는다. 그러나 나는 아이들에게 결혼한 부부는 아름답고 만족스러운 성적 관계를 누린다고 이야기해 주었다. 그리고 아주 슬쩍 아빠와 엄마는 하나님이 주신 선물을 매우 잘 누리고 있다고 말했다. 부부가 성을 잘 누리는 것이 하나님의 뜻이라는 것을 성경에서 확인하고 싶다면 아가서 7장을 읽어보라.

* 성은 생육을 위한 것이다

하나님이 최초의 부부 아담과 하와에게 처음 하신 말씀은 "생육하고 번성"(창 1:28)하라는 것이었다. 이보다 더 즐겁게 순종할 수 있는 계명은 없을 것이다! 그리고 이 생육의 계명을 지키지 않으면 인류는 멸종한다.

그 구절은 이렇게 시작한다. "하나님이 그들에게 복을 주시며 하나님이 그들에게 이르시되 생육하고 번성하여…"(창 1:28). 아이를 갖는 것은 분명히 복이다. 솔로몬은 "손자는 노인의 면류관이요 아비는 자식의 영화니라"(잠 17:6)고 말했다.

배우자와 친밀한 사랑을 나누어, 자신의 아들이나 딸로 영원히 남을 귀중한 생명을 낳았다는 사실을 깨닫는 것보다 우리에게 더 큰 기쁨은 없다. 물론 요즘 출산과 양육은 만만치 않은 일이다. 그러나 가족이 있다는 것은 놀라운 특권이자 복이다! 하나님이 주신 성이라는 선물을 통해 자신이 이 세상에 태어났음을 아이에게 가르쳐주라!

아이들은 인생과 인간관계에서 성을 통해 하나님의 복을 누릴 수 있다는 것을 알아야 한다. 또 성의 목적을 이해하는 것도 필요하다. 그러나 성을 올바르게 사용하려면 '교전 수칙'을 배워야 한다.[3] 하나님은 성에 대한 매우 구체적인 계획을 세우셨다. 즉, 성을 사용하는 방식을 정해 놓으신 것이다. 우리는 그 방식을 따를 때 성이 주는 혜택을 누릴 수 있다. 반면 그것을 거부하면 막대한 피해를 입는다. 그래서 부모는 아이에게 하나님의 계획을 존중하는 태도를 가르쳐야 한다.

성에 대한 계획

금붕어와 산책하거나 야자수를 북극에서 키워본 적이 있는가? 십자드라이버로 일자나사를 돌리는 것은 어떤가? 무엇 하나 쉽게 되지 않을 것이다. 왜 그런가? 금붕어는 산책할 수 있는 생물체가 아니다. 어류는 뭍에서 살지 않고 물에서 산다. 금붕어가 정해진 생을 즐기려면 자기가 살도록 정해진 곳, 곧 물에서 살아야 한다.

야자수는 기후가 따뜻한 곳에서 자라게 되어 있다. 열대식물이기 때문이다. 야자수가 만들어진 대로 살려면 북극 같은 추운 날씨에서 멀리 떨어져 지내야 한다. 일자나사를 벽에 박는 간단한 일조차도 맞지 않는 드라이버를 사용하면 힘들다. 기계나 식물, 동물이 제 기능을 최대로 발휘하려면 계획에 맞게 존재해야 한다. 이것은 아주 간단한 사실이다.

성은 하나님이 주신 것이므로 그에 따른 계획이 있음을 아이들은 분명히 알아야 한다. 성은 부부가 서로 깊이 사랑하고, 육체적 기쁨을 누리며, 자녀를 낳아 사랑의 가족을 만들 수 있는 훌륭한 선물이다. 우리가 성을 그 계획대로 사용하면, 하나님이 만드신 최고의 성을 누릴 수 있다.

그런데 어떻게 해야 성에 대한 하나님의 계획을 존중할 수 있을까? 성의 목적이 부부가 하나 되고 기쁨을 누리며 생육하는 것이라면, 어떻게 해야 성의 모든 혜택을 최대로 누릴 수 있을까? 성을 보호하는 경계에 하나님의 답이 있다. 아빠는 아이에게 성을 최대로 누릴 수 있게 해주는 규칙이나 경계를 지킴으로써 성에 대한 하나님의 계획을 존중하도록 가르쳐야 한다.

성도덕의 경계를 가르치라

앞에서 말했듯이 하나님의 계명은 우리의 유익을 위한 것이다. 성생활에 관해서는 더욱 그렇다. 성적 행동과 관련해 해야 할 것과 하지 말아야 할 것은, 우리가 분명히 이해하고 지켜야 하는 가르침이나 경계를 형성한다. 하나님이 이런 경계를 만드신 것은 우리를 보살피고 보호하기 위해서다. 시편 145편을 읽어보라. 시인은 하나님에 대해 우리를 보살피고 보호하시는 분이라고 설명한다.

그러나 하나님이 우리를 위해 계획하신 보호와 공급을 받으려면 성적 행동에 대한 경계와 금지 신호를 지켜야 한다. 즉, 우리는 성적 부도덕을 피해야 한다.

성경에 의하면 성적 부도덕은 부부가 아닌 남녀의 모든 성관계(불륜과 혼전 성관계)를 말한다. 성경은 다음과 같이 선언한다.

- “음행을 멀리할지니라” (행 15:29)
- “음행을 피하라” (고전 6:18)
- “우리는 그들과 같이 음행하지 말자” (고전 10:8)
- “음행과 온갖 더러운 것과 탐욕은 너희 중에서 그 이름조차도 부르지 말라 이는 성도에게 마땅한 바니라” (엡 5:3)
- “하나님의 뜻은 이것이니 너희의 거룩함이라 곧 음란을 버리고” (살전 4:3)

성도덕의 경계 및 불륜과 혼전 성관계 ‘금지’ 표지판을 지키면, 우리는 하나님의 보호와 공급을 받는다. 어떤 보호와 공급을 받는지 간단히 알아보자.

보호받는 것	공급받는 것
죄책감	영적 보상
뜻밖의 임신	자녀양육의 최적 환경
성병	마음의 평안
성적 불안	신뢰
감정적 고통	참된 친밀감

이런 혜택을 받은 부부는 확실히 만족스러운 성생활을 최대한

으로 누릴 것이다. 예를 들어, 청년 시절에 나는 사랑으로 헌신할 아내를 만나기 전까지 성관계를 맺지 않겠다고 결심했다. 꿈꾸는 여자를 만나 결혼하기 전까지 성실하게 순결을 지키겠다는 결심이었다. 아내도 같은 결심을 했다. 우리는 둘 다 성에 대한 하나님의 계명을 지켜 죄책감 느낄 행동을 하지 않았고, 하나님과 막힘없이 교제했다.

우리는 결혼 전에 임신하는 고통을 겪지 않았다. 덕분에 준비되지도 않은 상태에서 결혼과 입양에 대해 고민할 일도 없었다. 우리는 성병이 침실에 침투할지도 모른다는 걱정도 하지 않았다. 또 배우자가 과거에 성관계를 맺었던 애인과 비교당하는 불안도 겪을 필요가 없었다. 덕분에 우리는 신뢰가 깊어졌다.

우리는 혼전 성관계에서 오는 감정적 고통과 불륜이 주는 배신감에서 보호받았다. 덕분에 우리는 신뢰가 깨지는 일이나 과거의 유령에 발목 잡히는 일 없이 친밀한 관계를 최대한으로 누렸다.

하나님이 정하신 성은 결혼 전에는 순결하고, 결혼 후에는 충실해야 한다는 건강한 경계를 지키는 것이다. 하나님이 정하신 바를 따르는 부부는 마땅히 누려야 할 아름다운 성을 경험할 수 있다. 아이가 그 경계에 대해 정확히 아는 것이 매우 중요하다. 바로 이런 경계와 제한이 '안 돼.'라는 매우 능동적인 대답을 하게 만들고, 그 경계를 넘지 않을 때 성을 최대한 누릴 수 있기 때문이다.

✱ 순결

성경은 "모든 사람은 결혼을 귀히 여기고 침소를 더럽히지 않게 하라"(히 13:4)고 말한다. "하나님의 뜻은 이것이니 너희의 거룩함이라 곧 음란을 버리고 각각 거룩함과 존귀함으로 자기의 아내 대할 줄을 알고 하나님을 모르는 이방인과 같이 색욕을 따르지 말고 … 하나님이 우리를 부르심은 부정하게 하심이 아니요 거룩하게 하심이니"(살전 4:3-5, 7).

순결은 하나님이 정하신 경계로, 그것을 지키면 부부간의 성생활을 최대한으로 누릴 수 있고, 성적 부도덕으로 생기는 나쁜 결과에서 보호받는다. 그렇다면 순결하다는 것은 무슨 뜻일까?

초콜릿 포장지에 '순우유 초콜릿'이라고 적힌 것을 본 적이 있는가? 벌꿀은 어떤가? 병에 '순수벌꿀, 인공감미료 무첨가'라는 표시가 붙어 있기도 한다. '순수한' 초콜릿이나 벌꿀이라는 말은, 원재료에 섞인 이물질이 없다거나 진정한 초콜릿이나 벌꿀의 맛을 유지하고 있다는 뜻이다.

성적으로 순결하다는 것은, 성에 대한 하나님의 순수하고 완벽한 계획을 망치는 것은 조금도 허용하지 않고, '하나님의 원래 목적에 따라 살고 있다'는 것을 의미한다. 성생활은 부부만 할 수 있는 것이다. 배우자가 아닌 사람과 성관계를 맺으면 부부 관계 속으로 이물질이 들어가는 셈이고, 불순물이 들어간 관계는 더는 순수하지 않다. 깨끗한 물이 담겨 있는 잔에 더러운 흙을 넣으면 불순해진다. 불순물이 없는 물이 순수한 물이다. 하나님은 우리의 성생활이 순결하기를 바라신다.

하나님은 동정을 지킨 남녀가 순수하고 완전한 둘만의 배타적인 결혼 관계 속에서 성을 사용하게 하셨음을 아이에게 가르치라. 어느 한 사람이라도 순결한 부부로 성생활을 하기 전에 침소를 더럽힌 일이 있다면 순수한 결합은 결혼 '전'에 끊어진다.

성적인 순결은 어디서 기원하는 것일까? 바로 하나님의 성품이다. 하나님은 "내가 거룩하니 너희도 거룩할지어다"(벧전 1:16)라고 말씀하신다. "주를 향하여 이 소망을 가진 자마다 그의 깨끗하심과 같이 자기를 깨끗하게 하느니라"(요일 3:3). 하나님은 본질적으로 거룩하고 순결하시다. "그에게는 불의가 없음이 선포되리로다"(시 92:15). 결혼 전이나 후에도 성적인 순결을 지키면 하나님의 계획대로 성에 대한 보호와 공급을 누릴 수 있음을 아이가 이해할 수 있게 가르치라.

✱ 충실

십계명 중 일곱째 계명은 "간음하지 말라"(출 20:14)다. 예수님은 남자와 여자가 결혼해 한 몸을 이루면, 서로 충실하고 간음하지 말아야 한다고 말씀하셨다. "그러므로 하나님이 짝지어 주신 것을 사람이 나누지 못할지니라"(막 10:9). 하나님은 이스라엘 백성에게 "나는 이혼하는 것과 … 미워하노라 … 그러므로 너희 심령을 삼가 지켜 거짓을 행하지 말지니라"(말 2:16)고 말씀하셨다.

신랑과 신부는 결혼식에서 '기쁠 때나 슬플 때나, 부유할 때나 가난할 때나, 아플 때나 건강할 때나, 죽음이 두 사람을 갈라놓을 때까지 평생 아끼고 사랑할 것'을 서약한다. 누군가가 어떤 사람보다 당신을 사랑하고, 평생 당신에게 헌신한다는 것을 느끼는 것보다 더 큰 복은 없다. 배우자에게 충실하는 것은 하나님이 정하신 경계로, 그것을 지키면 성생활을 최대한으로 누릴 수 있고, 성적 부도덕으로 생기는 나쁜 결과에서 보호받는다.

나는 결혼하고 나서 일 때문에 가족과 떨어져 있을 때가 아주 많았다. 아내에게 충실하지 못한 남편이 될 뻔할 때도 종종 있었다. 그러나 40년이 넘는 결혼생활 동안 나는 유혹을 물리쳤고, 아내에게 충실하고 헌신했으며, 사랑과 성생활을 오직 한 사람 아내하고만 나누었다. 그 사실은 아내에게 큰 의미가 있다. 아내는 깊은 자부심을 느끼고, 사랑받는 아내로서 안정감을 누린다. 지구상의 30억이 넘는 여자 중 아내는 내게 유일한 사랑이다.

하나님은 인간에게 누군가의 '유일한' 존재가 되고 싶어하는 바람과 열망을 심어주셨다. 그 바람은 바로 하나님의 성품에서 기인한다. 모세는 이스라엘 백성에게 말했다. "그런즉 너는 알라 오직 네 하나님 여호와는 하나님이시요 신실하신 하나님이시라 … 천 대까지 그의 언약을 이행하시며"(신 7:9).

✱ 사랑과 성

아이들은 성생활이 한쪽으로는 순결, 또 한쪽으로는 충실의 경계 안에서 이루어져야 함을 알아야 한다. 순결과 충실의 경계를 지키는 부부는 건강한 관계, 곧 사랑의 관계 안에서 성생활을 한다.

기독교 가정에서 자라는 아이는 대부분 도덕적 기준을 가지고 있다. 십 대 그리스도인 자녀는 아무 때나 아무하고나 성관계 하는 것은 분명히 잘못되었다고 믿는다. 그렇게 믿는 자녀를 둔 부모는 물론 자기 자녀를 자랑스럽게 여길 것이다. 그런데 여기에 함정이 있다.

훌륭한 교회와 기독교 가정에서 자라는 아이는 대부분, 서로 헌신하고 '정말 사랑하는' 남녀 관계는 어딘지 다르다고 느낀다. 그래서 '사랑이 정답'이기 때문에 혼전 성관계를 해도 잘못이 아닌 것처럼 보인다.

적어도 참된 사랑이 정답임을 믿는다는 면에서는 나도 청소년들의 생각에 동의한다고 말하면, 여러 부모와 교회지도자들은 충격을 받는다. 자, 우리는 앞에서 이미 성경적 사랑이 어떤 것인지 정의했기에, 영민한 독자는 내가 무슨 말을 하는지 눈치챘을 것이다.

그러나 문제는 청소년 대다수가 성경이 가르치는 사랑의 기준이 아니라, 순결과 충실의 경계 없이 단지 사랑하면 성관계를 맺어도 된다는 가짜 사랑의 기준을 믿는다는 데 있다.

우리는 앞에서 사랑이란 다른 사람의 안전과 행복, 안녕을 자신의 것처럼 중요하게 여기는 것이라고 정의했다. 아이에게 한 사람을 그렇게 사랑하고, 순결과 충실의 경계 안에서 성생활 하는 것이, 성에 대한 하나님의 계획을 존중하는 것이라고 가르치라. 하나님의 가르침에 순종하면 행복을 얻고 위험에서 보호받는다는 사실을 일깨우라. 정말 사랑하는 사이라면 결혼 전에는 성관계를 맺지 않아야 하고, 결혼 후에는 순결하고 충실해야 한다. 그런 점에서 참된 사랑은 정답이다.

이런 사랑은 어디서 기원하는 것일까? 물론 하나님이다. "하나님은 사랑이심이라"(요일 4:8). 하나님의 사랑은 사랑하는 사람을 위험에서 보호하고 이롭게 하는 사랑이다. 그 사랑은 베풀고, 신뢰하고, 안전하고, 든든하고, 충실하고, 영원하다. 참된 사랑은 사랑하는 사람에 대한 보호와 공급을 최우선으로 여기기에, 하나님의 사랑을 품은 사람은 다른 사람의 안전과 행복, 안녕을 해치지 않는다.[4]

여기서 한 마디 저기서 한 마디

앞에서 말했듯이 우리는 '거창한 대화'를 피하고 아이에게 성에 대한 지식을 조금씩 가르쳐야 한다. 또 하나님의 방법대로 건강한 사랑의 관계를 만들어야 함에 대해 말하면서 제안한 것처럼, 결혼기념일과 결혼식을 아이에게 사랑과 인간관계에 대해 가르치는 기회로 삼아야 한다.

그런 행사가 있을 경우 성에 대한 하나님의 계획에 관해 조금씩 알려주는 것도 좋다. 아이에게 성에 대한 하나님의 계획을 존중하도록 가르치기 위해 행사와 상황, 여러 자료를 활용할 수 있는 몇 가지 방법을 알아보자.

- **자녀와 함께 결혼기념일을 축하하라** 순결하고 충실한 결혼생활로 인해, 당신이 앞서 언급한 여러 영역에서 어떤 보호와 공급을 받았는지 아이에게 이야기해 줄 수 있는 매우 좋은 기회가 바로 결혼기념일이다. 다. 결혼기념일을 가족행사로 만들어보라. 당신에게 충실한 부부생활은 매우 큰 의미가 있음을 자녀에게 말해 주라. 결혼서약을 지킨 덕분에 당신의 결혼생활이 어떻게 되었는지 아이에게 설명해 주라. 당신의 사랑과 충실, 순결이 당신과 아이에게 유익하다는 것을 아이가 깨달을수록 아이는 더 큰 영향을

받는다.

아이가 어리다고(대여섯 살이나 심지어 네 살 등) 능력을 과소평가해 성경적인 사랑과 성적인 순결, 충실한 결혼의 원리를 이해하지 못할 것이라고 속단하지 말라. 아빠가 아이에게 그런 것에 대해 가르치면 아이는 성적인 순결을 다짐하기 위한 마음의 기초를 쌓는다. 아빠는 엄마를 사랑하고, 엄마는 아빠의 몸이나 다름없는 중요한 사람이라고 아이에게 설명해 주라. 배우자에게 충실한 것은 약속을 지키는 것이라고 말해 주라. "그래서 아빠는 엄마하고만 같이 사는 거야."라는 말로 충실한 결혼에 대해 설명해 줄 수 있다. 아이가 아주 어릴 때부터 아빠가 얼마나 엄마에게 헌신하고, 엄마만을 위하는지 가르쳐주라. 아빠의 모범과 가르침은 아이의 호르몬이 끓어오르기 시작할 때 효력을 발휘할 것이다.

- **결혼식을 잘 활용하라** 가족과 함께 결혼식에 참석해 하나님이 정하신 순결과 충실의 경계를 아이에게 가르치는 기회로 삼으라. 아이에게 결혼의 의미를 정확히 알려주라. 결혼식 전후로 부부가 하는 서약을 설명해 주고, 부부는 그 서약을 평생 지킨다는 것을 강조해 말해 주라. 결혼서약의 전문을 구해 아이와 함께 읽어보라. 십 대 자녀는 흔쾌히 읽으려 하지 않겠지만, 더 어린 아이들은 신이 나서 읽을 것이다. 결혼식은, 결혼서약의 맥락에서 하나님이 정하신 사랑과 성에 대해 강조하고, 거기서 나타나는 하나님의 성

품에 대해 설명할 수 있는 아주 좋은 기회다.

- **텔레비전, 뉴스, 시사를 잘 활용하라** 기회가 있을 때마다 뉴스와 오락 프로그램에서 잘못 묘사된 사랑과 성의 개념을 바로잡아주라. 텔레비전 프로그램이나 영화에서 하나님의 기준에 어긋난 사랑과 성을 보게 되면, 하나님의 계명에 순종할 때 얻는 혜택이 무엇인지 아이에게 가르쳐주라. 당신은 아이가 성에 대한 하나님의 계획을 이해하고, 그런 관점으로 세상을 바라봄을 통해, 사람들의 행동 결과와 유익에 대해 통찰력 있게 판단하는 것을 보고 놀랄지도 모른다.
- **자료를 잘 활용하라** 아빠가 아이에게 성경적인 성교육을 할 수 있게 돕는 도서와 CD, DVD 강좌가 많이 있다. 본 장의 내용은 아내와 내가 함께 쓴 『못말리는 호기심 솔직한 대답』(*Straight Talk with Your Kids About Sex*, 예영커뮤니케이션)에서 발췌한 것이다. 이 책은 부모가 자녀와 성에 대해 이야기하고, 아이에게 하나님의 목적을 존중하는 법을 가르칠 수 있는 자세한 방법을 제공한다. 나는 또 "명백한 사실: 성과 사랑, 인간관계에 대한 진실"이라는 제목의 책과 CD, DVD도 만들었다.* 이외의 자료도 적극 활용하라. 기독교 서점에서 관련도서 카탈로그도 주문하고, 교단에서 제공하는 자

* 홈페이지(www.josh.org)를 방문하면 이 자료를 찾아볼 수 있다.

료도 찾아보라. 성에 대한 하나님의 계획을 아이에게 가르칠 수 있는 유익한 자료는 무궁무진하다.

11

아버지의 아홉 번째 약속

믿음의 근거를 설명해 주겠다

마셔는 떠날 준비를 하는 아들을 꼭 껴안았다.

"아들, 같이 있어 행복했어."

"그래, 그렉."

마이크가 말했다.

"아빠도 즐거웠어."

마이크도 그렉을 안아주었다.

"주일이면 온 식구가 같이 교회에 가던 때가 그리워. 지금쯤이면 대학 근처에서 다닐 만한 교회를 정했을 것 같은데, 그렇지?"

그렉은 배낭을 어깨에 멨다.

"그게, 아빠, 아직요."

그렉은 머뭇거렸다.

"신입생은 하는 일이 많아요. 그래서 좀 바빴어요."

올해 열여섯 살인 여동생 사라가 가방을 건넸다.

"대학이 그렇게 힘들어?"

"음, 힘든 건 아니야. 그냥 계속 바빠."

마이크는 그렉의 어깨를 부드럽게 잡았다.

"교회 갈 시간이 없을 정도로 바쁜 거면 지나치게 바쁜 거 같다."

"그게, 아빠, 교회는 나한테 더는 안 맞는 거 같아요. 일주일에 한 번씩 같이 모이는 친구들이 있어요. 그걸로 충분해요."

"나도 친구들이랑 같이 모이면 좋겠다."

사라가 말했다.

"교회는 너무 지루해."

"사라! 그런 말 하면 못써!"

마셔가 말했다.

"하지만 사실이야!"

사라가 대답했다.

"엄마, 사라 말이 맞아요. 교회는 더는 나한테 안 맞는 거 같아요."

"얘, 그렇게 말하지 마."

마셔는 아들의 팔을 잡았다.

"대학에 갔다고 하나님을 떠나는 건 아니지?"

"아니에요, 엄마."

그렉은 웃으며 말했다.

"나는 그냥 여러 가지를 새롭게 생각하고 있어요. 하나님은 여전히 중요해요. 부모님과 조금 다르게 믿을 뿐이에요."

그렉은 어깨의 가방을 고쳐 멨다.

"이제 갈게요."

그렉은 밖으로 나갔고, 사라는 오빠 물건을 들고 따라 나갔다. 마셔와 마이크는 현관 앞에 서서 차에 올라타는 아들을 지켜보았다.

"아들, 아빠 엄마가 기도할게."

"아빠, 고마워요."

그렉은 웃으며 대답했다. 마셔와 마이크는 차를 타고 손을 흔들며 떠나는 아들을 말없이 쳐다보았다.

"그렉이 신앙을 잃지 않았으면 좋겠어요."

마셔가 말했다. 마이크는 고개를 끄덕였다.

"사라도 신앙을 잃지 않았으면 좋겠어."[1]

내가 아빠들에게서 가장 많이 듣는 말을 하나만 고른다면, 바로 이 이야기에서 마이크가 걱정스럽게 한 말이다. 기독교의 가치와 신앙으로 가르친 아이가 집을 떠나 대학에 가면서 참된 신앙을 잃어버릴까 봐 염려가 되는 것이다.

그것은 괜한 염려가 아니다. 여러 연구결과에 따르면, 그리스도인이라고 고백하는 십 대 대다수가 성인이 되면 10년 안에 교회를 떠나고, 그리스도에 대한 헌신을 헌신짝처럼 버린다.[2] 물론 당신의 아이가 하나님을 완전히 떠나 무신론자가 될 가능성이 매우 크다는 뜻은 아니다. 사실 그렇지는 않다. 다만 그것은 아이들이 "성도에게 단번에 주신 믿음의 도"(유 1:3)가 아닌 것을 믿는다는 뜻이다.

오늘날 훌륭한 기독교 가정에서 자란 아이 중 다수가, 그렉이 아빠에게 한 말을 따라 하고 있다. "하나님은 여전히 중요해요. 부모님과 조금 다르게 믿을 뿐이에요." 때로 세대 차이라고도 부르는 그 다름은 오늘날 그 어느 때보다 넓고 깊어졌다. 퓨 리서치 센터(Pew Research Center)의 최근 조사에 따르면, 성인의 거의 80퍼센트가 십 대의 믿음과 관점이 자신과 다르다고 본다. 가장 큰 차이를 보이는 분야를 묻는 질문에, 47퍼센트가 사회적 가치와 도덕을 들었다.[3]

오늘날 십 대 그리스도인들이 어떤 믿음을 가지고 있는지 알아보자.

- 23퍼센트가 기적의 존재를 믿지 않는다.
- 33퍼센트가 환생을 '확실히' 또는 '가능성 있다'고 믿는다.

- 42퍼센트가 악의 실재를 믿지 않는다.
- 48퍼센트가 다른 종교도 옳다고 믿는다.[4]

당신의 아이는 여기에 해당하지 않기 바란다. 그러나 두 아이 중 한 명은 예수님에 대해 확실히 '길이요 진리요 생명'이라고 말하지 못하는 상황인 것을 보면, 아이들이 잘못된 신앙을 갖기가 얼마나 쉬운지 알 수 있다. 더구나 이런 상황에서 당신의 아이는 온갖 잘못된 믿음에 대해 듣고 자란다.

지난 7-8년 동안 호전적인 무신론자들이 폭발적인 기세로 세상에 등장했다. 예를 들면, 샘 해리스(Sam Harris)가 2006년에 『기독교 국가에 보내는 편지』(*Letter to a Christian Nation*, 동녘)를 출간해 무신론적 공격을 시작했고, 같은 해에 리처드 도킨스(Richard Dawkins)가 『만들어진 신』(*The God Delusion*, 김영사)이라는 책으로 그 뒤를 이었으며, 2007년에는 크리스토퍼 히친스(Christopher Hitchens)가 『신은 위대하지 않다』(*God Is Not Great*, 알마)라는 책으로 그 공격에 가세했다. 세 권 모두 날개 돋친 듯 팔려 나갔고, 온갖 베스트셀러 목록에 몇 주가 아닌 몇 달 동안 이름을 올렸다.

이른바 새로운 무신론자들의 영향력은 출판계에 머물지 않았다. 그들은 기사를 쓰고, 대학에서 강연하고, 논쟁에 참여하고, 라디오와 텔레비전에 출연하고, 수많은 동영상을 유튜브에 게시했다.

이것은 구도자들을 혼란에 빠뜨리고, 신자들의 믿음을 흔들었다. 새로운 무신론자들의 목표는 간단하다. 기독교 신앙의 이성적 근거를 근절하고, 신자들이 신앙을 버리게 만드는 것이다.[5]

새로운 무신론자들의 기세가 한풀 꺾이긴 했지만, 지금은 그 어느 때보다 아이들에게 신앙의 근거를 가르쳐야 할 때다. 그러나 어떤 기독교 지도자들은, 요즘 교회에 나오는 아이들은 기독교 신앙의 근거에 관심이 없다고 말한다. 아이들이 원하는 것은 인간관계와 감정적으로 경험할 수 있는 일이 전부라는 것이다.

그것은 분명 사실이 아니다. 최근 '미국 청소년과 종교 조사기구'(National Study of Youth and Religion)에 따르면, 현재 기독교를 믿지 않는 십 대 수천 명이 '어려서부터 기독교를 믿고 자랐지만 결국 종교를 버렸다'고 응답했다. 그들에게 '자라면서 믿었던 신앙을 버린 이유'를 물었다. 선택사항이 없는 서술형 물음이었다. 응답자의 32퍼센트를 차지한 최다 답변은 '지적인 회의'였다.[6] 서술형 물음이었다는 점을 감안하면 매우 높은 비율이다. 응답자들은 대답했다. "앞뒤가 안 맞는다." "믿기지 않을 만큼 억지스러운 내용이 있다." "과학적인 실제 근거가 전혀 없다." "대답할 수 없는 물음이 너무 많다." 아이들은 마음뿐 아니라 '정신'으로도 붙잡을 수 있는 대답을 원하고 있다.

아빠의 믿음을 물려주라

아빠가 그리스도인으로서 자신이 믿는 것과 그 근거를 아이에게 단단히 가르치는 일은 절대적으로 중요하다. 그러나 당신이 아이에게 물려주고 싶은 믿음은 무엇이며, 그 믿음은 어디에 근거하는가?

당신은 아이에게 살아 있는 믿음을 물려주고 싶을 것이다. 다시 말해 아이가 정통 기독교, 곧 아이의 삶을 변화시키고 후손에게도 전해 줄 신앙을 갖기 바랄 것이다. 이것이 바로 그리스도인의 제자양육이며, 초대 교회가 성공적으로 완수했던 일이다.

초기 그리스도인들은 제자양육을 확실히 받았기에 인생의 참된 행복을 누렸을 뿐 아니라, 한 세대에서 다음 세대로 신앙의 바통을 잘 물려줌으로 복음을 들불처럼 번져나가게 했다. FMTN(Forge Mission Training Network)의 설립자 앨런 허쉬(Alan Hirsch)는, 예수님이 승천하시고 약 65년 뒤인 주후 100년까지 그리스도인이 2만 5천 명 정도였다고 한다. 그런데 200년 만에 그 수는 폭발적으로 증가해 2천만 명에 이르렀다.[7] 800배나 증가한 셈이다! 초기 그리스도인들은 무엇을 전했기에 그런 놀라운 변화와 성장이 가능했을까?

3세기가 되자 기독교 공동체는 신앙의 진리에 대한 총의를 수

렴했다. 교부들은 그리스도의 제자가 어떻게 살아야 하는지를 뜻하는 특정한 믿음에 대해 설명했다. 주후 325년 교부 300명은 소아시아 니케아에 모여, 이런 총의를 유지하고 진리를 잃지 않도록 기독교 신앙의 기본 진리를 문서로 작성했다. 이것이 니케아 신경(신조)이다. 교부들은 현재 가장 널리 쓰이는 이 신앙고백문을 내놓았다. 역사상 거의 모든 주요 기독교 공동체가 이 니케아 신경을 승인하고 채택했다. 니케아 공의회는 하나님이 어떤 분인지, 인간이 어떤 존재인지, 하나님이 어떤 일을 하셨는지, 인생의 목적이 무엇인지, 하나님의 목적과 우리의 운명이 무엇인지를 이 간결한 신앙고백문에 담았다(니케아 신경은 본 장 끝에 있다).

당신은 기독교 신조를 가르침으로 아이를 하나님께 인도할 수 있다. 기독교 신조를 받아들이는 아이는 자기가 누구인지, 왜 이곳에 있는지, 어디로 가는지, 다른 사람을 어떻게 대해야 하는지, 하나님이 허락하신 자연을 어떻게 가꾸어야 하는지 정확히 이해할 수 있다. 기독교 신앙을 간단하게 말하면, '하나님과 자신, 타인, 세계와 올바른 관계를 맺고, 그 속에서 알고 존재하고 살아가는 방식'이다. 우리는 그리스도의 '도'를 되찾아 자녀에게 물려주어야 한다.

우리가 믿는 신앙의 근거

니케아 신경에는 사도들이 성도들에게 전한 열두 가지 믿음이 있다. 모두 성경이 분명하게 설명하는 내용이다. 우리는 반드시 성경에서 출발해야 한다.

성경은 하나님이 인간의 역사 속에서 어떻게 우리를 찾아오셨는지 여러 이야기를 통해 분명한 그림을 보여준다. 하나님은 최초의 가족과 구약의 이스라엘 자손, 신약에서는 예수님과 예수님의 '도'를 알게 된 사람들에게 찾아오셨다. 이런 이야기는 하나님이 자신에 대해 계시하신 방법이었다. 우리는 이 같은 이야기에서, 하나님의 위대한 진리를 믿고 살아간 경건한 사람들을 생생하게 마주한다. 진리를 전달하는 이런 이야기는 우리가 누구인지, 하나님은 어떻게 우리를 대하시고 또 우리는 어떻게 하나님을 대해야 하는지, 우리는 다른 사람을 어떻게 대해야 하는지를 분명하게 설명한다. 이 모든 사실은 우리가 믿는 거룩한 경전인 성경에 기록되어 있다. 하나님이 우리를 위해 직접 이런 진리를 보존하신 덕분에, 우리는 하나님을 만날 수 있고 아이들에게 신앙의 바통을 물려줄 수 있다.

성경을 열어보면 우리가 진리를 어떻게 알 수 있는지, 하나님은 우리가 어떤 사람이 되기 원하시는지, 하나님이 자신에 대해 밝히신 계시를 바탕으로 우리가 어떻게 살아야 하는지 등을 구체적으로 알 수 있다. 즉, 성경은 세상의 창조 목적과 현재 모습, 하나님이 본래 뜻하셨던 세상의 회복에 대해 우리가 알아야 할 모든 것을 소상히 보여준다. 또 우리가 하나님과 교제하는 사이였다는 것과 그 관계가 깨진 원인 및 회복 방법을 가르쳐준다.

초대 교회는 그 모든 것을 교리 형식으로 나누었고, 그리스도인들은 그것으로 자녀에게 열두 가지 진리를 가르쳤다. 간단히 말하면 그리스도인들은 다음과 같은 열두 가지 진리를 믿는다.

1. 인간과 교제하는 하나님이 존재한다.
2. 하나님의 말씀인 성경은 하나님을 정확하게 계시한다.
3. 원죄는 인류의 죽음(하나님과의 단절)을 초래했다.
4. 하나님은 단절된 관계를 회복하기 위해 인간이 되셨다.
5. 그리스도는 십자가에서 돌아가심으로 우리의 죄를 대속하셨다.
6. 우리는 예수님을 믿고 그 은혜로 하나님 앞에서 의인이 되었다.
7. 우리는 장차 그리스도의 형상으로 변한다.
8. 예수님은 육신적으로 죽음에서 부활하셨다.
9. 하나님은 삼위일체로 영원히 존재하신다.
10. 우리는 하나님나라의 관점으로 세상을 본다(세계관).
11. 교회는 지상에서 그리스도를 대리한다.
12. 예수님은 하나님의 본래 목적대로 만물을 회복하기 위해 다시

오신다.

이 열두 가지 진리(신조)를 머리로만 믿어서는 안 된다. 믿음에는 실천이 뒤따라야 한다. 우리가 아이에게 우리의 신앙과 그 근거를 가르치는 것은 바른 사고를 위해서가 아니다. 우리는 아이가 올바른 관계를 맺고 바르게 살아가기를 바란다. 그렇기 때문에 왜 이 진리를 신뢰할 수 있고, 삶에 실천해야 하는지 우리가 알아야 한다. 아이는 우리가 아무 근거도 없는 것을 믿는 게 아님을 알 필요가 있다.

이것이 어려운 일처럼 들리는가? 어떤 면에서는 그럴 수 있다. 그러나 믿음의 핵심을 분석하고 하나하나가 모두 관련 있다는 것을 알면, 하나님이 잃어버린 자녀를 구원하시는 아름다운 이야기를 이해할 수 있다.

우리가 믿는 것과 그 근거를 아이들에게 잘 가르칠 수 있도록 돕기 위해, 내가 아들 숀과 함께 쓴 책이 있다. 내 결정적 작품이라 할 수 있는 『하나님에 관한 불변의 진리』(*The Unshakable Truth: How You Can Experience the 12 Essentials of a Relevant Faith*, 두란노)* 다. 이 책을

---

*이 책은 『기독교 변증 총서 3』(*New Evidence That Demands a Verdict*, 순출판사), 『신앙을 넘어 확신으로』(*Beyond Belief to Convictions*), 『누가 예수를 종교라 하는가』(*More Than a Carpenter*, 두란노), 『옳음과 그름』(*Right from Wrong, Why Wait?*), 『자녀에게 영웅이 되는 법』(*How to Be a Hero to Your Kids*) 등 내가 쓴 여러 책을 바탕으로 집필했다. 홈페이지

공부한 다음 아이에게 기독교의 열두 가지 믿음을 체계적으로 가르치면서, 자부심을 갖고 기독교를 믿을 수 있는 이유에 대해 설명해 주라. 우리가 기독교의 핵심 진리를 발견하기를 하나님이 바라신다는 근거는 확실하다.

믿음의 근거를 검토한다고 해서 믿음이 필요 없어지는 것은 아니다. 근거가 아무리 많아도 100퍼센트의 확신을 줄 수는 없다. 우리는 여전히 믿어야 한다. 그러나 근거를 검토하고 지적으로 믿는 것이 필요하다. 사실 사도들이 예수님의 기적을 여러 차례 기록한 것도 그런 이유에서다. "오직 이것을 기록함은 너희로 예수께서 하나님의 아들 그리스도이심을 믿게 하려 함이요"(요 20:31).

예수님은 사람들에게 믿음의 근거를 따져보라고 말씀하기도 하셨다. "내가 아버지 안에 거하고 아버지께서 내 안에 계심을 믿으라 그렇지 못하겠거든 행하는 그 일로 말미암아 나를 믿으라"(요 14:11). 믿음의 근거를 배우면 아이는 믿음을 이해하게 되고 신앙이 견고해진다. 그 믿음의 근거가 매일의 삶과 어떻게 관련되어 있는지 깨달을 때, 아이는 그 믿음대로 살기 시작한다.

(www.josh.org)의 '도서자료'(Resources)에서 자세한 내용을 확인할 수 있다. 홈페이지에는 아동과 십 대에게 '믿음의 근거'를 가르치는 데 유용한 도서와 자료도 있다. 최근 숀과 나는 하나님과 성경에 대한 가장 많은 질문에 답하는 책을 썼다. 아이들이 물어보는 어려운 질문에 답할 수 있도록 부모를 도와주는 매우 유익한 책이다. 홈페이지에서 『하나님과 성경에 대한 77개의 질문과 대답』(*77 FAQs About God and the Bible*)을 찾아보라. 부모와 아이의 믿음이 쑥쑥 자랄 것이다.

신앙의 세 기둥

믿음을 열두 가지로 나누어 설명하는 니케아 신경에는 신앙의 세 기둥이 있다. 아이에게 이 세 가지 신앙의 기둥을 믿을 수 있는 근거를 가르치면, 흔들리지 않는 믿음을 갖게 된다.

- 신앙의 첫째 기둥은 성경의 신빙성이다. 성경을 믿을 만한 역사적 문서로 신뢰할 수 없다면, 우리는 참된 것을 믿고 있다고 확신할 수 없다. 우리가 믿는 기독교의 모든 것은 성경을 바탕으로 한다.
- 신앙의 둘째 기둥은 그리스도의 신성이다. 그리스도가 밝힌 자신의 정체성이 사실이 아니라면, 그리스도는 하나님의 거룩한 어린양이 아니므로 인간의 죄를 대속할 수 없다.
- 신앙의 셋째 기둥은 그리스도의 육신적 부활이다. 예수님이 죽음에서 부활하지 않으셨다면 우리도 부활할 수 없고, 죄와 고통이 없는 영원은 불가능하다. 사도 바울은 말했다. "그리스도께서 다시 살아나신 일이 없으면 너희의 믿음도 헛되고 너희가 여전히 죄 가운데 있을 것이요 … 모든 사람 가운데 우리가 더욱 불쌍한 자이리라"(고전 15:17, 19).

지금부터는 우리가 성경에 대해 믿는 것과 그 근거를 간략하게 설명하고자 한다. 다시 말하지만 자료를 잘 활용하는 것이 좋다. 나와 함께 사역하는 팀은 가족(또는 여러 가족)이 식탁에 모여 신앙의 기둥에 대해 배울 수 있는 세 가지 자료를 만들었다. 첫째 자료는 성경을 믿을 수 있는 근거를 제시하는 '구원잔치'다. 둘째는 그리스도의 신성에 대해 설명하는 '계시잔치', 셋째는 그리스도의 육신적 부활의 근거에 대한 '부활잔치'다.*

여기서는 '계시잔치'에 있는 내용을 사용하고자 한다. 그중에는 아이들과 함께할 수 있는 '귀엣말 릴레이' 게임이 있다. 어린 시절에 해보았을지도 모르는 전화 게임과 비슷하다. 한 사람이 옆 사람에게 귀엣말로 짧은 문장을 말하면, 그 사람은 또 옆 사람에게 자기가 들은 말을 귀엣말로 전달하는 게임이다. 마지막 사람은 자기가 들은 말을 크게 발표한다. 물론 첫 문장은 전달 과정에서 엉뚱한 문장으로 바뀐다.

우리가 이 게임에서 배울 수 있는 사실은, 다른 사람에게 메시지를 정확하게 전달하고 싶다면 낱말 하나하나를 분명하게 전해야 한다는 것이다. 이 게임은 한 세대가 다음 세대에 성경을 전달할

---

*이 세 자료는 신앙의 세 기둥에 대한 믿음의 근거를 아이들에게 똑 부러지게 설명할 수 있는 모든 내용을 담고 있으며, 홈페이지(www.josh.org/RC1; www.josh.org/RC2; www.josh.org/RC3)에서 무료로 내려받을 수 있다.

때, 신중하고 정확하게 필사했음을 가르쳐준다. 그렇지 않으면 오늘날 우리가 읽는 성경이 수천 년 전에 기록된 성경이라고 확신할 수 없다. '계시잔치'는 우리가 하나님의 말씀을 믿을 수 있는 확실한 근거를 제시한다.

홈페이지에서 내려받은 자료는 복사해 사용할 수 있으므로, 가족에게 한 부씩 나누어주라. 그러면 인도자가 대표로 낭독할 때 모두 같이 읽을 수 있다. 이 자료는 하나님이 성경의 전래를 기적적으로 관리하고 감독하셨음을 잘 보여준다. 또 성경이 모든 고대 문헌 중 가장 믿을 수 있는 책이라는 사실을 분명하게 가르쳐준다. 하나님은 우리가 하나님을 정확하게 이해하기 바라신다. 그러려면 하나님을 정확하고 바르게 계시해야 하는데, 그것이 성경이다.

다음은 '계시잔치' 자료의 일부다.

* 성경의 신빙성

하나님은 수천 년 전에 인간에게 매우 중요한 메시지를 말씀하시고, 그 말씀을 기록하게 하셨다. 하나님은 우리를 사랑하시고 우리와 교제하기 원하셨기에, 하나님을 알 수 있는 방법을 우리에게 말씀하셨다. 인간은 하나같이 죄를 범하고 하나님과 멀어졌기에, 성경은 하나님을 친히 만날 수 있는 방법을 가르치는 하나님의 연애편지가 되어야 했다.

그렇다면 우리는 정확한 연애편지를 가지고 있을까? 사본은 원본을 정확하게 필사했을까?

꼼꼼한 서기관들 구약성경 필사는 전문 서기관으로 훈련받고 평생 성경필사에 헌신한 사람들의 책임이었다. 예수님 시대 전후로 수년 동안 서기관들은 구약성경을 필사했다. 이 특별한 서기관들은 심혈을 기울여 성경을 일점일획도 어김없이 정확하게 옮겼다. 성경 필사 원칙은 매우 엄격해, 사본의 정확성은 오늘날로 말하면 복사기로 복사한 것이나 다름없다고 할 정도로 인정받았다. 서기관이 완성한 사본은 필사본이라고 불렀다.

서기관은 날마다 목욕재계하는 것으로 하루를 시작했다. 목욕 후 유대인 관복을 제대로 갖추어 입고 책상에 앉았다. 필사 도중 하나님의 히브리어 이름이 등장하면, 글씨가 번질까 봐 새로 잉크를 찍은 펜으로는 필사할 수 없었다. 하나님의 이름을 쓰기 시작하면 중간에 멈출 수 없고, 왕이 들어오더라도 쳐다볼 수 없었다. 서기관은 한 분이신 참된 하나님의 거룩한 이름을 다 쓸 때까지 멈추지 않아야 하는 의무가 있었다.

마소라 학자들은 주후 천 년의 중반에 활동한 서기관들로, 그들의 필사 규정은 다음과 같았다.

- 필사본 두루마리는 정결한 동물의 가죽을 사용한다.
- 필사본 전체에 쓰는 가죽은 모두 단의 수가 같아야 한다.
- 각 단의 길이는 48줄 이상 60줄 이하로 한다.
- 단의 너비는 정확히 30자로 정한다.
- 모든 자음은 실 굵기만큼 띄어 쓴다.
- 단락과 단락 사이는 자음 아홉 자만큼 띄운다.
- 책과 책 사이는 세 줄을 띄운다.
- 모세오경의 다섯 번째 책 신명기의 마지막 문장은 정확히 한 줄을 다 채워야 한다.
- 아무리 짧은 단어라도 기억에 의존해 필사해서는 안 된다. 한 자 한 자 보고 써야 한다.
- 서기관은 각 책에 기록된 알파벳의 글자 수를 각각 확인한 뒤 원본과 대조한다.
- 필사본에 실수가 하나라도 있을 경우 폐기한다.[8]

하나님은 성경을 놀라울 정도로 정확하게 전달하기 위해, 마소라 학자들에게 구약성경을 경건하고 정성스럽게 필사하는 정신을 허락하셨다. 그래서 우리가 하나님의 정확한 계시를 받을 수 있게 되었다.

정확한 신약성경 히브리인 서기관들은 신약성경은 필사하지 않았다. 그래서 하나님은 예수님과 제자들이 전하는 복음을 정확하게 보존하려고 새로운 방법을 찾으셨다. 그것은 초기 필사본을 수천 개나 남겨놓는 것이었다.

학자들이 고대 문헌의 신빙성을 평가하는 방법은 두 가지다. 첫째, 원본과 최초 필사본 사이의 기간을 측정한다. 둘째, 현존하는 필사본의 수량을 확인한다. 원본과 최초 필사본 사이의 기간이 짧을수록, 또 현존하는 필사본의 수량이 많을수록 학자들은 그 필사본을 더 정확하다고 생각한다.

예를 들면, 율리우스 카이사르(Julius Caesar)의 갈리아 전쟁에 대해 오늘날 우리가 알고 있는 거의 모든 것은 『갈리아 전기』(*The Gallic Wars*)의 열 개 필사본에 기원한다. 그중 가장 오래된 필사본은 원본과 천 년의 차이가 난다. 현재 역사상 가장 믿을 만한 고대 문헌은 호메로스(Homer)의 『일리아스』(*Iliad*)로 1,757개 필사본이 남아있고, 가장 오래된 필사본은 원본과 400년 차이가 난다.

다음은 고대 문헌과 관련된 사실을 정리한 표다.[9]

저자	책	기록 시기	가장 오래된 필사본	시간 간격	필사본 수
호메로스	일리아스	주전 800년	주전 400년경	약 400년	1,757
헤로도토스	역사	주전 480-425년	주후 900년경	약 1,350년	8
투키디데스	역사	주전 460-400년	주후 900년경	약 1,300년	8
플라톤		주전 400년	주후 900년경	약 1,300년	7
데모스테네스		주전 300년	주후 1100년경	약 1,400년	200
카이사르	갈리아 전기	주전 100-44년	주후 900년경	약 1,000년	10
리비우스	로마사	주전 59년-주후 17년	일부 4세기, 주로 10세기	약 400년, 약 1,000년	19, 일부는 1
타키투스	연대기	주후 100년	주후 1100년경	약 1,000년	20
플리니우스 세쿤두스	박물지	주후 61-113년	주후 850년경	약 750년	7

독보적인 신약성경 고대 문헌의 신빙성을 평가하는 학계의 기준을 적용하면 신약성경은 가히 독보적이다. 필적할 만한 문헌을 찾아볼 수 없을 정도다. 고대의 어떤 문헌도 신약성경의 신빙성을 따라올 수 없다. 아래 표를 보라.[10]

기자	책	가장 오래된 필사본	시간 간격	필사본 수
요한	요한복음	주후 130년경	50년 이상	부분적
다수	신약성경 나머지 책	주후 200년경(개별 책)	100년	

		주후 250년경(신약성경 대부분)	150년	
		주후 325년경(신약성경 전체)	225년	5,600개 이상 (헬라어)
		주후 366-384년경(라틴어 불가타역)	284년	
		주후 400-500년경(여러 역본)	400년	19,000개 이상
		총계	50-400년	24,600개 이상

현재 신약성경은 2만5천 개에 육박하는 필사본 또는 부분적 필사본이 남아있고, 일부 필사본은 원본과 시간 간격이 50년밖에 되지 않는다. 더구나 원본과 시간 간격이 400년이 넘는 필사본은 하나도 없다. 정말 놀라운 사실이다!

우리는 성경이 역사상 가장 정확하고 신뢰할 만한 문헌임을 확신할 수 있다! 하나님은 우리가 읽는 성경이, 하나님이 우리를 위해 쓰신 정확한 연애편지로 되어 있음을 우리가 확신하기 바라신다.

부지런히 가르치라

우리 팀이 만든 자료가 기독교 신앙과 그 근거를 자녀에게 가르칠 수 있는 소중하고 유익한 자료가 되기 바란다. 나는 교회지도자

와 당신 같은 아빠들이, 아이들에게 지적인 믿음을 물려주도록 돕는 일을 50년 넘게 하고 있다. 그러나 이것은 한 번의 설명이나 몇 번의 가르침으로 되는 것이 아니라, 꾸준히 가르쳐야 결실이 나타난다.

성경은 믿음의 근거를 아이에게 효과적으로 가르치는 방법을 말해 준다. "네 자녀에게 부지런히 가르치며 집에 앉았을 때에든지 길을 갈 때에든지 누워 있을 때에든지 일어날 때에든지 이 말씀을 강론할 것이며"(신 6:7). 자녀를 이렇게 가르치면 "어그러지고 거스르는 세대 가운데서 하나님의 흠 없는 자녀로 세상에서 그들 가운데 빛들로"(빌 2:15) 나타나는 아이로 기를 수 있다는 소망을 품고, 아빠의 아홉 번째 약속을 지킬 수 있다.

니케아 신경

우리는 한 분이신 하나님, 전능하신 아버지, 천지와 모든 보이는 것과 보이지 않는 것의 창조주를 믿는다.
우리는 한 분이신 주 예수 그리스도, 하나님의 독생자, 만물보다 먼저 하나님에게서 나신 분, 빛의 빛, 피조된 것이 아니라 존재하시는 하나님 자신, 아버지의 본체이신 분을 믿는다. 예수님은 만물을 만드셨고, 인간의 구원을 위해 하늘에서 내려오셨으며, 동정녀 마리아에게 성령으로 잉태되셨고, 인간이 되셨다. 또 본디오 빌라도 치세에 우리를 대신해 십자가에 달려 고난당하고 무덤에 묻히셨으며, 셋째 날 성경대로 부활하고 승천해 하나님 우편에 앉아 계신다. 예수님은 산 자와 죽은 자를 심판하기 위해 영광중에 다시 오시며, 예수님의 나라는 영원하다.
우리는 성부와 성자가 보내신 주님이시며 생명의 공급자이신 성령을 믿는다. 성령은 선지자들이 예언한 분으로, 성부와 성자와 더불어 예배와 영광을 받으신다. 우리는 거룩한 공회와 사도적 교회를 믿는다. 죄를 사하는 세례는 하나며, 우리는 죽은 자의 부활과 장차 올 세상을 바라고 기다린다.

12

아버지의 열 번째 약속

감사하는 마음을 길러주겠다

"불공평해. 왜 그 사람은 해도 되는데 나는 안 돼?"

"자격으로 따지면 내가 그 여자보다 더 나아."

"네가 나한테 이러면 안 되지. 나는 더 받아야 돼."

우리 사회에는 특권의식이 강한 사람이 매우 많다. 그들은 노력해서 성취하지 않았는데도 당연히 제 것이라 여긴다. 우리는 주변에서 거의 날마다 그런 특권의식을 가지고 행동하는 사람을 만난다. 그들은 도무지 고마워할 줄 모른다.

위에 인용한 말은 은혜를 모르는 태도를 보여준다. 당신의 아이에게도 그런 태도가 있는지 모른다. 물론 기대한 것을 얻지 못해 불평하는 것은 당연하다. 그러나 고마워할 줄 모르고 불평하는 태도가 성격이나 기질로 굳어버리면 부정적인 영향이 크게 나타난다. 감사할 줄 모르는 사람은 스트레스와 실망감, 우울증을 많이 느낄 뿐 아니라, 건강한 인간관계를 맺지 못할 가능성이 매우 높다. 또 대체로 인생에서 만족을 느끼지 못한다. 이 같은 사실을 뒷받침하는 연구결과는 많이 있다.

나는 이 책 서두에서 당신이 자녀에게 바라는 것이 무엇인지 물었다. 그런 다음 당신의 바람이 예수님이 우리에게 바라시는 것과 비슷할 것이라고 말했다. 예수님은 우리가 예수님을 기뻐하고, 그 기쁨으로 충만하기 바라신다(요 15:11). 우리가 자녀에게 원하는 것도 인생을 즐겁게 사는 것이 아닌가? 우리는 아이가 안전하게 자라 인생의 의미와 목적, 만족을 느끼는 어른이 되기를 바란다. 그리스도께 헌신하는 것을 넘어 아이가 그것을 성취하도록 도울 수 있는 가장 좋은 길은 감사하는 마음을 길러주는 것이다.

아이에게 감사하는 마음을 길러주면 아이는 삶의 아주 구체적인 부분에서 큰 보상을 받게 된다. 최근 과학자들은 감사하는 마음이 인간에게 미치는 긍정적 효과를 알아내기 위한 조사를 마쳤다. 캘리포니아대학의 버클리와 데이비스 캠퍼스는 2012년부터 3년 동안, 560만 달러가 투입된 프로젝트 '감사의 과학과 실천의 확대'를 공동으로 진행했다.[1] 취지는 병원이나 학교, 기관에서 감사를 장려하는 방법을 찾아 감사하는 태도의 혜택을 거두자는 것이었다.

감사에 대한 과학적 연구의 최고전문가인 로버트 에몬스(Robert Emmons) 박사는, 감사하는 마음이 인간관계와 신체, 심리에 가져다주는 혜택은 수백 가지 연구를 통해 분명히 증명되었다고 주장한다. 그는 감사하는 사람에게는 다음과 같은 결과가 나타난다고 말한다.

- 행복과 인생의 만족도가 증가한다.
- 불안과 우울증이 줄어든다.
- 면역체계가 튼튼해지고, 혈압이 낮아지며, 질병의 증상이 줄어들고, 통증과 고통을 크게 걱정하지 않는다.
- 잠을 깊이 잔다.
- 여러 면에서 회복력이 빨라지고, 정신적 충격에서 빨리 벗어난다.
- 인간관계가 돈독해지고, 친근감이 생기며, 친구나 가족, 배우자와 더 친밀해진다.[2]

즉, 감사하는 사람이 난관을 잘 극복하고 스트레스도 잘 관리한다는 것이다. 예를 들면, 감사할 줄 아는 사람은 실패와 부정적 상황에 대처할 때 스트레스를 많이 받지 않으며, 성공해도 겸손하게 받아들이는 경향이 있다. 임상보건심리학자 멜라니 그린버그

(Melanie Greenberg) 박사는 "감사하는 마음을 가지면 마음이 열리고 뇌에 있는 긍정적인 감정 중추가 활발하게 작동한다. 꾸준히 감사하는 사람은 뇌 신경세포의 작동방식이 무의식적으로 더욱 긍정적으로 바뀐다"[3]고 이야기한다.

성경이 우리에게 "범사에 감사하라 이것이 그리스도 예수 안에서 너희를 향하신 하나님의 뜻이니라"(살전 5:18)고 가르치는 것이 전혀 이상하지 않다. 하나님은 우리가 즐겁게 살기 바라신다. 감사하는 마음은 참된 기쁨의 밑바탕이다. 시편 기자는 이렇게 기록했다. "여호와께 감사하라 그는 선하시며 그 인자하심이 영원함이로다"(시 136:1).

성경은 우리에게 은혜를 기억하고, 하나님을 찬양하고, 기뻐하고, 감사하는 마음을 품으라고 다양한 방식으로 수없이 가르친다. 사실 하나님을 예배하라는 계명은, 하나님이 누구며 어떤 일을 하셨는지 알고 나서 그에 대한 응답으로 하나님을 찬양하고 높이며 사랑하라는 가르침이다. "범사에 우리 주 예수 그리스도의 이름으로 항상 아버지 하나님께 감사하며"(엡 5:20). 그러나 감사는 저절로 되는 일이 아니다. 나쁜 상황에서는 감사하는 마음이 들지 않는다. 감사는 힘써 길러야 하는 미덕이다.

감사하는 마음을 함양해야 한다

나는 신앙생활 초기에는 사실 감사에 대해 많이 생각해 보지 않았다. 하나님을 찬양하고 감사해야 한다는 것은 알았지만, 그것이 신앙생활의 초석인지는 몰랐다. 즉, 나는 내게 온전한 기쁨을 주시겠다는 예수님의 말씀은 알았지만, 감사하는 마음과 기쁘게 사는 것을 연결지어 생각하지 못했다. 그러나 감사하는 삶에 대한 내 관점은 일생일대의 사건을 겪은 뒤 완전히 바뀌었다.

신학대학원을 졸업한 뒤 나는 순회설교자가 되려고 대학생선교회(CCC)에 들어갔다. 그 시절에 나는 대범하고 저돌적이며 조금 건방졌다. 마음은 순수했지만 인내심이 부족했다. 나는 곳곳을 다니며 설교하고 싶었다. 그러나 지도자들은 내가 아직 미숙하다고 생각했다.

열정이 넘쳤던 나는 무심코 지도자들의 비위를 건드렸다. 사실 저돌적인 내 태도가 문제를 일으켰던 것이다. 그래서 그들은 이례적으로 나를 미국이 아닌 아르헨티나의 한 대학으로 파송했다.

나는 실망을 넘어 절망했다. 내 소망과 계획은 지연된 것이 아니라 실패한 것 같았다. 그때는 고마운 사람도, 고마운 일도 없었다. 이런 부정적인 생각에 사로잡혀 있던 나는 당연히, 하나님이 하나님의 영광과 내 유익을 위해 일하신다는 생각도 하지 못했다.

나는 아르헨티나 사역을 받아들였다. 그 사역을 위해 기도할수록, 맡은 일을 성실히 수행하고 앞날을 하나님 손에 맡겨야 한다는 것을 더욱 깊이 깨달았다. "그는 … 행실이 온전한 자에게 방패가 되시나니 대저 그는 정의의 길을 보호하시며 그의 성도들의 길을 보전하려 하심이니라"(잠 2:7-8)는 솔로몬의 지혜에도 귀를 기울였다. 나는 신실한 종이 되고 싶었다.

1967년 내가 아르헨티나에 도착했을 때, 남미의 대학은 공산주의자들의 온상이었다. 평소처럼 용기와 열정이 넘쳤던 나는 바로 사역에 뛰어들어, 대학가의 혁명가들과 일대일로 만나 공개토론을 벌였다. 나는 아르헨티나뿐 아니라 볼리비아와 칠레의 대학교까지 찾아갔다. 남미에서 대학생 사역을 세우기 위해 힘쓰던 2년 동안, 나는 끊임없이 협박을 받았다. 강도를 당하고, 누명을 써 투옥되기도 했다. 살아서 고향으로 돌아갈 수 없을지도 모른다는 생각마저 들었다.

남미에서 일어난 하나님의 역사에 대한 소식은 당시 대학생선교회 회장이던 빌 브라이트(Bill Bright) 박사의 귀에도 들어갔다. 내가 비위를 건드렸던 지도자들은 자리를 옮겼고, 새 지도자들은 내게 미국으로 돌아와 대학생들에게 순회설교할 의향이 있는지 물었다. 내 소망과 계획이 이루어지는 순간이었다. 다윗 왕이 옳았다. "또 여호와를 기뻐하라 그가 네 마음의 소원을 네게 이루어 주시리로다"(시 37:4).

내가 미국으로 돌아왔을 때 당시 대학에서는, 내가 지난 2년 동안 남미의 대학에서 직접 겪고 연구했던 불안과 격변이 막 시작되고 있었다. 나는 아르헨티나에서 사역한 덕분에 혁명가들이 대학생들에게 제시하는 문화적 대안을 간파하고, 그것을 영적 대안으로 효과적으로 막아낼 수 있었다. '귀양살이' 2년은 놀랍게도 하나님의 '신병훈련소'였고, 그 후 20년 동안 나는 대학생 사역을 통해 하나님을 영화롭게 해드릴 수 있었다. 이 경험을 통해 나는 어떤 상황에서도 감사하는 마음을 잃지 않고, 내 인생을 인도하시는 하나님의 계획을 믿어야 한다는 인생의 교훈을 배웠다.

감사하는 마음을 가르치는
일곱 가지 방법

* 하나님의 계획을 신뢰하도록 가르치라

나는 아이들에게 우리 인생에는 하나님의 계획이 있다는 것을 가르칠 때, 남미로 '귀양' 갔던 내 이야기를 여러 번 사용했다. 또 하나님의 계획을 믿고, 어떤 상황에서도 믿음을 잃지 않는 것이 중요하다고 가르쳤다. 나는 상황이 좋으면 감사하고, 나쁘면 감사하지 않는 것은 잘못임을 배웠다. 무엇보다 나는 하나님의 계획을 믿기에 감사하게 되었다. 하나님은 내게 무슨 일이 생기든 영광받으신다. 나는 어떤 상황에서도 늘 감사하는 마음을 잃지 않도록 힘썼다.

당신의 자녀가 삶을 주관하시는 하나님을 신뢰하도록 가르치라. 자녀와 함께 로마서 8장을 암송하라. "우리가 알거니와 하나님을 사랑하는 자 곧 그의 뜻대로 부르심을 입은 자들에게는 모든 것이 합력하여 선을 이루느니라"(롬 8:28). 이 구절은 우리에게 좋은 일만 일어난다는 뜻이 아니라, 우리가 믿음을 잃지 않으면 가장 힘든 상황에서도 하나님은 영광받으신다는 의미다. 노예로 팔려갔던 요셉처럼 우리도 "당신들은 나를 해하려 하였으나 하나님은 그것을 선으로 바꾸사"(창 50:20)라고 말할 수 있다.

* 인간은 전적으로 타락했다는 사실을 가르치라

기독교의 열두 가지 기본 진리를 믿는 이유를 아이에게 가르치다 보면 원죄를 언급하게 된다. 그것을 기초로 감사하는 마음을 가르치라.

인간은 모두 죄인이며 하나님과 멀어졌기에, 어떤 권리도 주장할 수 없다는 사실을 아이에게 잘 설명하라. 하나님은 완전히 공의로운 분이기에 우리에게는 하나님과 가까이 지낼 자격이 없다. 우리에게는 하나님의 자비를 당연하게 여길 만한 선한 것이 전혀 없다. 성경은 말한다. "기록된 바 의인은 없나니 하나도 없으며 … 다 치우쳐 함께 무익하게 되고 선을 행하는 자는 없나니 하나도 없도다"(롬 3:10, 12).

우리가 전적으로 타락한 죄인임을 알면, 스스로 하나님의 은혜를 받을 만한 자격을 갖출 수 없다는 사실도 알게 된다. 하나님의 은혜를 받기 위해 할 수 있는 일이 하나도 없다는 것을 깨달으면, 하나님의 은혜를 받을 때 주체할 수 없는 감사를 느낀다.

✱ 하나님의 놀라운 은혜를 가르치라

자녀에게 이렇게 설명하라. "하나님은 인간이신 예수님으로 태어나 네 죄 때문에 끔찍한 죽음을 당하셨어. 네가 죄를 회개하지 않았는데도 예수님은 너를 위해 그렇게 하셨지. 너는 예수님을 거부했지만 예수님은 여전히 너를 받아주셨어. 그건 마치 예수님이 '너는 나를 떠났지만 나는 너를 떠나지 않아. 너는 내게 아주 중요한 사람이야. 너를 만나기 위해서라면 어떤 일도 할 수 있어. 나는 네가 사는 세상으로 가서 너와 같은 사람으로 태어나, 너를 죽음과 영원한 외로움에서 구원할 거야.' 하고 말씀하시는 것과 다름없어."

부당하게 돌아가신 예수님에 대한 놀라운 은혜의 이야기를 아이에게 계속해서 말해 주라. 하나님의 놀라운 은혜를 느끼게 해주라. 우리가 얼마나 타락했고, 하나님의 은혜가 얼마나 무한한지 깨닫게 되면, 감사하는 마음이 무럭무럭 자란다.

* 노동을 통해 감사하는 마음을 가르치라

예수님은 "일꾼이 그 삯을 받는 것이 마땅하니라"(눅 10:7)고 말씀하셨다. 또 바울은 "부지런하여 게으르지 말고 열심을 품고 주를 섬기라"(롬 12:11)고 기록했다. 아내와 나는 아이들에게 가사의 일부를 맡기고 그 일을 했을 때 용돈을 주었다. 자녀가 가족의 일원으로 부모와 함께 집을 청소하고, 잔디를 깎고, 여러 허드렛일을 하는 대가로 용돈을 받으면 더 고마움을 느낀다. 노동의 보상에 고마움을 느끼게 하라. 선물을 주어야 할 때도 있지만, 유익하고 고된 노동이 감사하는 마음을 만든다.

* 기대를 낮추도록 가르치라

사람들의 기대를 낮춘 뒤에 그 이상으로 보상하는 것은 여러모로 유익하다. 그중 한 가지는 사람들에게 고마움과 놀라움을 선사할 수 있다는 것이다. 자녀에게 선물을 줄 때나 방학에 대한 기대감이 자라나는 경우가 바로 그렇다. 아이에게 부모의 선물에 대한 기대를 낮추라고 가르치라. 그러면 부모는 아이의 기대보다 더 큰 선물을 할 수 있고, 아이는 고마움과 놀라움을 느끼게 된다.

아내와 나는 늘 크리스마스와 생일에 받는 선물이나 방학 때 할 수 있는 일에 대한 아이들의 기대를 낮추었다. 이것은 아주 좋은 교육방법이다. 그러면 아이는 감사하는 마음을 기를 수 있다.

* 매일 감사한 일을 기록하도록 가르치라

가능하면 날마다 아이에게 고마운 일이 무엇인지 습관적으로 물어보라. 우리는 추수감사절만이 아니라 매일 감사해야 한다. 성경은 말한다. "이날은 여호와께서 정하신 것이라 이날에 우리가 즐거워하고 기뻐하리로다"(시 118:24). 아무리 사소한 일이라도 고마움을 표현함으로 날마다 감사를 실천하도록 가르치라. 그것을 통해 아이는 감사하는 마음을 기를 수 있다.

* 감사의 모범이 되도록 가르치라

아이가 당신의 감사하는 마음을 느끼고, 당신이 매일 표현하는 감사의 말을 듣게 하라. 아빠들이여, 가족이 먹는 음식, 편안한 집, 자동차, 아내, 빛나는 태양, 자라나는 꽃 등 모든 것에 늘 고마움을 표현해, 감사의 정신이 가득한 집안 분위기를 만들라. 아이가 하나님의 보호와 공급에 대해 찬양하는 아빠의 모습을 보고 아빠 안에 있는 감사의 마음을 느낄수록, 아이 역시 살아 있는 감사의 모범이 될 확률이 높다.

후기
아빠가 최선을 다할게!

이 책에 소개한 아버지의 10가지 약속을 지키도록 힘쓰라. 그러면 당신의 일부를 아이와 공유하게 될 것이다. 사랑의 마음으로 진리를 가르쳐야 한다는 것을 기억하라. 그것은 아이의 머리에 훌륭한 지식을 집어넣는 것이 아니라, 삶의 방식을 마음으로 받아들이게 하는 것이다.

내 아이들은 모두 성장해 결혼하고 가정을 이루었다. 아이들의 어린 시절을 생각하면 내가 모든 것을 잘했다고 말할 수는 없다. 그럴 수 있는 아빠는 아무도 없다. 그러나 나는 내가 아는 범위 안에서 최선을 다했다. 당신도 마찬가지일 것이다.

가끔 손자손녀를 대하다 보면, 내 아이들을 기를 때보다 내게 인내심과 지혜가 훨씬 더 많아졌음을 느낀다. 이제는 아빠 노릇을 잘할 수 있겠다 싶은 생각이 들었을 때, 이미 아이들은 다 자라 집을 떠나고 없었다. 그러나 다 그런 것이다. 아버지가 된다는 것은 언제나 직무 훈련 프로그램과 같다. 사용할 수 있는 모든 자료를 활용하고 최선을 다하라. 하나님이 복을 주실 것이다.

평가 방법

아래에 질문 50개가 있다. 당신의 응답에 해당하는 숫자를 각 질문 앞 빈칸에 기입한다. 그리고 '지금 당신의 인간관계에 필요한 것' 부분을 완성한 다음, 당신의 응답이 의미하는 것을 알아본다. 아내에게도 같이 할 것을 권하라. 십 대 자녀가 있다면 그들도 충분히 답할 수 있는 질문이므로 참여를 요청해 보라. 더 어린 자녀라도 각 항목에 어떻게 반응할지 알아보기 위해 같이 해볼 수 있다.

매우 아니다	아니다	그저 그렇다	그렇다	매우 그렇다
-2	-1	0	+1	+2

____ 1. 나는 조금 '다른' 점이 있어도 사람들이 내 모습을 있는 그대로 받아주기 바란다.

____ 2. 나는 여윳돈이 넉넉하게 있어야 마음이 편하다.

____ 3. 나는 늘 최선을 다하지만 때로는 지친다.

____ 4. 나는 사람들이 내게 조언 구하는 것을 좋아한다.

____ 5. 나는 사람들과 자주 포옹하고 따뜻하게 환대받는 것을 좋아한다.

____ 6. 나는 사람들이 내 삶에 관심을 가져주면 기분이 좋다.

____ 7. 나는 상사가 나를 어떻게 생각하는지를 중요하게 여긴다.

____ 8. 나는 도움이 필요할 때 사람들이 도와주면 감동한다.

____ 9. 나는 자주 심한 압박을 받으며, 그럴 때마다 누가 내 부담을 덜어주기 바란다.

____ 10. 나는 누가 내 감정에 관심을 기울여주면 매우 좋다.

____ 11. 나는 내가 하는 일이 사람들에게 가치가 있는지 알고 싶다.

____ 12. 나는 대체로 혼자 오래 있는 것을 좋아하지 않는다.

____ 13. 나는 내가 사랑하는 사람들이 "사랑해!" 하고 먼저 말해 주면 감동한다.

____ 14. 나는 집단의 일원으로만 취급받는 것을 싫어하며, 개인으로서 인정받는 것을 중요하게 생각한다.

____ 15. 나는 누군가 전화를 걸어 내 말을 들어주고 용기를 북돋아 주면 행복하다.

____ 16. 나는 사람들이 내가 하는 일뿐 아니라 내 존재 자체까지 인정해 주는 것을 중요하게 생각한다.

____ 17. 나는 생활이 정돈되어 있고, 어느 정도 예측 가능할 때 기분이 가장 좋다.

____ 18. 나는 내가 업무에 기여한 것을 사람들에게 인정받고, 그들이 고맙다고 말해 주면 기쁘다.

____ 19. 나는 나를 좋아하는 사람들과 어울려 업무를 완수하는 것을 특히 좋아한다.

____ 20. 나는 사람들이 내 강점과 재능을 알아주면 기분이 좋다.

____ 21. 나는 때로 위축되는 느낌을 받고 의욕을 잃는다.

____ 22. 나는 인종이나 성별, 외모, 지위와 무관하게 모든 사람에게서 친절하고 공정한 대우를 받고 싶다.

____ 23. 나는 부부간의 신체적 애정 표현을 매우 중요하게 여긴다.

____ 24. 나는 누군가가 나와 둘이서만 시간을 보내고 싶어하는 것을 좋아한다.

____ 25. 나는 누군가가 내가 하는 일을 알아주고 "잘했어!" 하고 말해 주면 행복하다.

____ 26. 나는 고된 하루를 보낸 뒤에는 위로와 관심을 받아야 한다.

____ 27. 나는 내 재능과 은사에 자신 있어도 사람들의 충고와 도움을 환영한다.

____ 28. 나는 스트레스받아 지쳤을 때 사람들의 공감과 격려에 큰 위로를 받는다.

____ 29. 나는 누군가 내 방식에 만족할 때 기분이 좋다.

____ 30. 나는 나에 대해 호의적으로 말하는 사람들과 같이 있는 것을 좋아한다.

____ 31. 나는 스킨십을 좋아한다.

____ 32. 나는 내 생활이나 일정에 영향을 주는 결정에 내 의견을 낼 수 있어야 한다.

____ 33. 나는 누군가가 내가 하는 일에 관심을 보이면 행복하다.

____ 34. 나는 내가 성취한 업적을 기념하는 상장이나 상패, 특별한 선물을 좋아한다.

____ 35. 나는 때로 미래가 불안하다.

____ 36. 나는 환경이 새롭게 바뀌어도 곧바로 친구를 사귄다.

____ 37. 나는 이사를 가거나 새로운 직장생활 또는 수업을 시작하는 등 어떤 변화가 생긴다고 생각하면 걱정이 앞선다.

____ 38. 나는 사람들이 옷차림이나 행동이 다르다는 이유로 편견을 가지면 화가 난다.

____ 39. 나는 무슨 일이 있어도 사랑하는 사람들과 친구가 주위에 있어야 한다.

____ 40. 나는 누군가가 내가 한 일에 고맙다고 말해 주면 행복하다.

____ 41. 나는 누군가가 나를 위해 기도해 주면 감동한다.

____ 42. 나는 다른 사람을 조종하는 사람을 보면 화가 난다.

____ 43. 나는 분에 넘치는 뜻밖의 사랑을 받으면 행복하다.

____ 44. 나는 누군가가 내 눈을 바라보고 내 말에 귀를 기울이면 기쁘다.

____ 45. 나는 사람들이 내 경건한 성품을 칭찬해 주면 행복하다.

____ 46. 나는 마음이 아프거나 문제가 생겼을 때 사랑하는 사람이 곁에 있어야 한다.

____ 47. 나는 혼자 일하는 것을 좋아하지 않는다. 오히려 다른 사람과 함께 일하는 것을 더 좋아하는 편이다.

____ 48. 나는 집단의 일원으로 소속감 느끼는 것을 중요하게 생각한다.

____ 49. 나는 누군가가 내 감정을 이해하고 사랑으로 관심을 기울여 주면 밝게 행동한다.

____ 50. 나는 어떤 일을 할 때 혼자 하는 것보다 팀원과 함께하는 것을 더 좋아한다.

채점 방법

아래의 각 항목마다 '인간관계 평가서'의 질문 번호가 각각 다섯 개씩 있다. 당신이 각 질문 번호 앞 빈칸에 적은 숫자(-2, -1, 0, +1, +2)를 기록하고 합계를 구해, 지금 당신의 인간관계에 가장 필요한 것이 무엇인지 알아보라.

용납

1. 아래 질문의 응답에 해당하는 숫자(-2, -1, 0, +1, +2)를 적은 뒤 모두 더하라.

1 ________
19 ________
36 ________
38 ________
48 ________
합계 ________

이상의 질문은 '용납'과 관련 있다.

안전

2. 아래 질문의 응답에 해당하는 숫자를 적은 뒤 모두 더하라.

2 ________
17 ________
35 ________
37 ________
39 ________
합계 ________

이상의 질문은 '안전'과 관련 있다.

칭찬

3. 아래 질문의 응답에 해당하는 숫자를 적은 뒤 모두 더하라.

16 ________
18 ________
20 ________
34 ________
40 ________
합계 ________

이상의 질문은 '칭찬'과 관련 있다.

격려

4. 아래 질문의 응답에 해당하는 숫자를 적은 뒤 모두 더하라.

3 ________
15 ________
21 ________
33 ________
41 ________
합계 ________

이상의 질문은 '격려'와 관련 있다.

존중

5. 아래 질문의 응답에 해당하는 숫자를 적은 뒤 모두 더하라.

4 ________
14 ________
22 ________
32 ________
42 ________
합계 ________

이상의 질문은 '존중'과 관련 있다.

애정

6. 아래 질문의 응답에 해당하는 숫자를 적은 뒤 모두 더하라.

5 ________
13 ________
23 ________
31 ________
43 ________
합계 ________

이상의 질문은 '애정'과 관련 있다.

관심

7. 아래 질문의 응답에 해당하는 숫자를 적은 뒤 모두 더하라.

6 ________
12 ________
24 ________
30 ________
44 ________
합계 ________

이상의 질문은 '관심'과 관련 있다.

인정

8. 아래 질문의 응답에 해당하는 숫자를 적은 뒤 모두 더하라.

7 ________
11 ________
25 ________
29 ________
45 ________
합계 ________

이상의 질문은 '인정'과 관련 있다.

위로

9. 아래 질문의 응답에 해당하는 숫자를 적은 뒤 모두 더하라.

10 ________
26 ________
28 ________
46 ________
49 ________
합계 ________

이상의 질문은 '위로'와 관련 있다.

응원

10. 아래 질문의 응답에 해당하는 숫자를 적은 뒤 모두 더하라.

8 ________
9 ________
27 ________
47 ________
50 ________
합계 ________

이상의 질문은 '응원'과 관련 있다.

주

01
아버지의 역할

1. "Teens Look to Parents More Than Friends," *Science Daily*, June 15, 2011, http://sciencedaily.com/releases/2011/06/110615120355.htm.

2. 같은 글.

3. Jeffrey Rosenberg and W. Bradford Wilcox, "The Importance of Fathers in the Healthy Development of Children," publication of U.S. Department of Health and Human Services, 2006, http://childwelfare.gov/pubs/usermanuals/father-hood/fatherhood.pdf.

4. "Talking to Your Teen About Sexuality," publication of Hillsborough County University of Florida Extension, http://hillsboroughfcs.ifas.ufl.edu/FamilyPubsA-Z/sexuality.pdf.

02 아버지의 첫 번째 약속
늘 사랑으로 진실을 말하겠다

1. 조시 맥도웰, 도티 맥도웰, 『못말리는 호기심 솔직한 대답』, 최유신 역(서울: 예영커뮤니케이션, 2013).

2. The Commission on Children at Risk, *Hardwired to Connect: The Scientific Case for Authoritative Communications* (New York: Broadway Publications, 2003).

03 아버지의 두 번째 약속
자녀에 '대한' 책임이 아니라 자녀를 '위한' 책임을 다하겠다 1

1. 초판, 1996.

2. 조시 맥도웰, 숀 맥도웰, 『성경을 경험하라』, 오진탁 역(서울: 순출판사, 2013)에서 발췌해 사용함.

06 아버지의 네 번째 약속
하나님의 본질과 성품을 설명해 주겠다

1. Howard Culbertson, "When Americans Become Christian," research publication of Southern Nazarene University, August 26, 2009, http://home.snu.edu/~hculbert/ages.htm.

07 아버지의 다섯 번째 약속
이기적이지 않은 자기애를 가르치겠다

1. Walter Bruce, *A Greek-English Lexicon of the New Testament* (Chicago: University of Chicago Press, 1957), p.874.

2. Charles Caldwell Ryrie, ed., *Ryrie Study Bible* (Chicago: Moody Press, 1976), p.25.

10 아버지의 여덟 번째 약속
하나님이 정하신 성(性) 존중하는 법을 가르치겠다

1. Marcela Raffaelli, Karen Bogenschneider, and Mary Fran Flood, "Parent-Teen Communication about Sexual Topics," *Journal of Family Issues*, vol. 19, pp.315-333.

2. 조시 맥도웰, 도티 맥도웰, 『못말리는 호기심 솔직한 대답』, 최유신 역(서울: 예영커뮤니케이션, 2013)의 11장 내용을 재구성해 사용함.

3. 같은 책, 2장.

4. 같은 책, 3장.

11 아버지의 아홉 번째 약속
믿음의 근거를 설명해 주겠다

1. Josh McDowell, David H. Bellis, *Last Christian Generation* (Holiday, FL: Green Key Books, 2006), pp.11-13.

2. 데이비드 키네먼, 게이브 라이언, 『나쁜 그리스도인』, 이혜진 역(서울: 살림, 2008).

3. *Akron* (Ohio) *Beacon Journal*, 29 June 2009에 실린 Pew Research Center Study, Hope Yen, "Generation Gap Is Widest Since 1960s"에서 인용함.

4. Christian Smith, *Soul Searching: The Religious and Spiritual Lives of American Teenagers* (New York: Oxford University Press, 2005), pp.41-45, 74.

5. 조시 맥도웰, 숀 맥도웰, 『누가 예수를 종교라 하는가』, 박남용 역(서울: 두란노, 2010).

6. Smith, 앞의 책 p.89.

7. Alan Hirsch, *The Forgotten Ways* (Grand Rapids, MI: Brazos Press, 2006), p.18.

8. Josh McDowell, *The New Evidence That Demands a Verdict* (Nashville, TN: Nelson, 1999), p.74.

9. 같은 책, p.38.

10. 같은 책, pp.34-39.

12 아버지의 열 번째 약속
감사하는 마음을 길러주겠다

1. Steven E. F. Brown, "Thanksgiving: The Power of Gratitude," *San Francisco Business Times*, November 13, 2012.

2. "Why Practice Gratitude?" *Greater Good: The Science of a Meaningful Life*, e-newsletter of Greater Good Science Center, Univ. of California, Berkeley에 재구성된 Robert Emmons, "Why Gratitude Is Good," http://greatergood.berkeley.edu/topic/gratitude/definition#how_to_cultivate.

3. Melanie Greenberg, "The Mindful Self-Express," *Psychology Today*, November 23, 2011에 인용됨.

10 COMMITMENTS FOR DADS

아버지의 10가지 약속

초판 1쇄 발행 2016년 09월 22일

지은이 조시 맥도웰
옮긴이 최요한

펴낸이 정형철
펴낸곳 아가페북스
등록 제321-2011-000197호
등록일 2011년 10월 14일
편집장 이수진
기획편집 방재경
디자인 투에스

주소 (06698) 서울시 서초구 효령로8길 5 (방배동)
전화 584-4835(본사) 522-5148(편집부)
팩스 586-3078(본사) 586-3088(편집부)
홈페이지 www.iagape.co.kr

ISBN ISBN 978-89-97713-73-8 (03230)

한국대학생선교회(CCC) 서울시 종로구 백석동1가길 2-8 | Tel. 397-6200

이 도서의 국립중앙도서관 출판시도서목록(CIP)은
서지정보유통지원시스템 홈페이지(http://seoji.nl.go.kr)와
국가자료공동목록시스템(http://www.nl.go.kr/kolisnet)에서
이용하실 수 있습니다.
(CIP제어번호: CIP2016021608)

아가페북스는 (주)아가페출판사의 단행본 전문브랜드입니다.

아가페 출판사